長期実践型

インターンシップ入門

今永典秀 編著

ミネルヴァ書房

はじめに

「インターンシップ」という言葉が日本で一般的に浸透するような時代になった。

インターンシップは、学生（主に大学など、高校生や専門学校生も含む）が、学校の外での実践・体験学習を行うことを通して、知識・能力・技能・技術などを身につけるとともに、業界や企業で働くことを何かを経験し、将来のキャリア形成に役立てることである。

インターンシップは、学校の外で行われる。世の中には非常にたくさんの企業が存在し、様々な業種や職種が存在する。一言でインターンシップ、就業体験、働くといっても、その中身は無限大に近いくらい多種多様である。

インターンシップの中にも、期間や内容によって、様々な種類が存在する。そのため、ある人にとってのインターンシップのイメージが、他の人のイメージするインターンシップと同一とは限らない。日本では二〇〇〇年ころから大学のキャリア教育を中心に発展を遂げ、二〇一〇年代に入って企業を中心とした採用活動の要素が強い短期間のプログラムが普及した。日本では、インターンシップが定着したのはそう長い年月ではない。そのため、現役世代の社会人や、大学の教職員にとっても、学生時代にインターンシップを経験した人たちは少ない状況にある。

この本は、「インターンシップ」という言葉を流行させ、「インターンシップ」に参加することを強制・誘発することが目的ではない。本来の主役である「学生」を第一の視点として、学生の視点から「教育効果が高いと言われている長期間のインターンシップ」の特徴をまとめた、日本で初めての長期実践型インターンシップの入門書である。これまで20年以上の実践の蓄積がある「チャレンジ・コミュニティ・プロジェクト」組織と連携し、多くのプロジェクトの実践経験や、長期実践型インターンシップを学生時代に経験した社会人へのインタビュー調査や、アンケート調査を通して、書籍にした点に特徴がある。

学生にとって、貴重な大学における時間を、より有益な密度の濃い時間を過ごせることを願う。その一つの選択肢として長期実践型インターンシップへの参加が、自分自身の将来のキャリア形成にとって、有益だと思う人が現れることを期待する。この本を通じて、自分自身に合ったインターンシップを経験できる人が増えることを願う。もちろん、インターンシップが全てではない。自分自身の状況を理解し、自分の将来に向かって一番良い選択をするべきである。本書で提示したプログラムが合致しない学生もいるだろう。この本を読むことで、学生が自らにあった最適な選択肢に気づいて、より良い選択と決断ができれば幸いである。

この本の内容は次の通りである。「インターンシップとは何か」からはじまり、「インターンシップの分類、特徴」など、一般的な内容を説明する。この本の最大の特徴として、コーディネーターが企業と学生双方に伴走支援する「長期実践型インターンシップ」の特徴と、当該インターンシップ経験者「一〇〇名以上に対する追跡調査アンケート」、「経験者九名へのインタビュー調査」、さらには、「コーディネーターの経験をふまえたインターンシップの特徴」、「効果的な事前事後学習の詳細」、「インターンシップ中・事前事後に活用できるフレームワーク等の紹介」が含まれる。

本書の特徴として二一本のコラムを織り交ぜた。学生を主な読み手として、教科書としての活用を想定するが、インターンシップの歴史や経緯、企業視点の内容、著者らの中間支援団体の活動内容などについて理解を深める観点で記載した。

章の最後にはディスカッションポイントを加えた。大学などで教科書として活用する際に、有効なグループワークができるような「問い」を設定した。学生同士、もしくはインターンシップを受け入れる企業の人と一緒に議論・対話をする機会につながることを期待する。

この本は、インターンシップに参加・不参加を問わず、将来働くことに向けて、事例や体験談、様々な企業の挑戦や、コーディネーターからの助言などを記載した。社会に出て働く前に知っておくと良い内容が多く含まれている。大学生や若手社会人にとっての、読み物としても推奨したい（図表0－1）。

第一章は、インターンシップとは何か、ボランティアやアルバイト、大学の教育プログラムとの違いに言及する。インターンシップに参加する、参加しないに限らず、インターンシップがどんな特徴をもつのか理解を深める。学生に限らず、企業の受入担当者などを含めて多くの人に読んでほしい。

図表０－１　この本のターゲットとなる対象者と狙い

対　象	詳　細
学生	
インターンシップを知らない・参加したことがない学生	インターンシップが何か，参加することでどんな効果が得られるか知ることができる
参加を検討・参加前の学生	インターンシップ参加前に準備しておくことがわかる。どんなインターンシップが自分にとって良いかを考えられる
参加中・他のインターンシップに参加済・終了後の学生	事前・事後学習，振り返り，注意点などについて理解し，学びを最大化することができる
大学教職員	
インターンシップ担当	インターンシップの事前・事後学習の教科書・参考書で活用できる。インターンシップに参加したいと考える学生に周知ができる
キャリア教育関係の担当	働くこと，社会人のイメージを伝えることができる
その他講義や講義外での活用	学外で，挑戦する機会の一つ，きっかけとなる。また，いろんな活用があると考えられる
企業の関係者	長期のインターンシップの効果，魅力，学生にとって有益なインターンシップが何か理解ができる

第二章と第三章は、著者らが実践してきた「長期実践型インターンシップ」の特徴について、学生時代に経験した現在の社会人に対する追跡アンケート調査や、インタビュー調査を行った。経験者の追跡調査は、大学のＯＢへの調査は一般的に障壁が高く、貴重なデータである。これらを読むことで、身近にＯＢなどの体験談が聞けない場合でも、長期実践型インターンシップの効果や特徴、入社後の効果などの具体的なイメージを浮かべることができる。インターンシップに参加する前の学生はもちろんのこと、参加後にも読み直し、自分の学びや成果と比較することも有益であろう。また、大学の教

職員などの教育関係者は、経験者などをゲストで呼び体験談を聞くことが困難なケースも多いことが想定される。当該事例を参考に、インターンシップやキャリア教育の一環、ゼミナールなどで議論する教材としての活用を期待する。

第四章と第五章は、インターンシップを有益にするために、この本を使って事前・事後の学習や、インターンシップの参加の学びを最大化するエッセンスが詰め込まれている。大学でのインターンシッププログラムがない場合や、中間支援団体などが近隣にない場合も、この本を活用することで、学生はインターンシップの効果を最大化させることができる。また、受入企業もプログラム作成の際に、参考活用することで良いインターンシッププログラムの作成につながるだろう。また、教職員などが、大学の講義の中で活用することを期待する。

この本の内容は、大学に入学して間もない学生、あるいは高校生などから、インターンシップ参加前後、社会人になる前の学生まで、それぞれの人に向けて、有益な内容が含まれている。内容を読んで理解するのみならず、自分の将来のキャリア形成に向けて考えることや、今の自分自身と照らし合わせて考えることによって、より有益なものになるだろう。添付したワークシートなどで、実際に手を動かし、他者と対話すること、言葉に発して第三者に伝えることは有益な学びの機会になるだろう。

長期実践型インターンシップは、チャレンジ・コミュニティ・プロジェクトが中心となって、地域中小企業の経営革新と、学生の成長機会を両立させて、二〇年以上にわたって継続発展してきた。コーディネーターが、学生と企業の双方に伴走支援することで、学生が長期間挑戦して、成長する機会を創造する点に特徴がある。長年にわたって、地域企業に寄り添うことで、企業の経営革新にも大きな役割を果たしてきた。

インターンシップを取り巻く環境が変わり、インターンシップが広く認知されるようになった今だからこそ、改めて「長期実践型インターンシップ」が重要な存在であることを認識したい。将来に向けて、本気で挑戦する「長期実践型インターンシップ」の時代がやってきた。

長期実践型　インターンシップ入門　目次

第一章　インターンシップとは何か

1　最初に知っておきたいこと

この本を手に取り、読み始めるのはどんな人だろうか。大学生になってこれから何をしようか。ある程度大学生活に慣れて物足りない。何かに挑戦したい。就職活動を控えインターンシップのことを知りたい。もしくは、大学を目指した高校生が大学生活はどんな感じかを知りたくて手に取った。このように様々な状況が想定される。

「インターンシップ」という言葉が、社会でも一般的に使われるようになり、広く認知されるように変化してきた。一方、インターンシップの内容は、企業が無数にあるように、プログラムの内容も期間も千差万別で、全ての人がインターンシップと聞いて同じイメージを持たない可能性がある。

本書は、教育効果が高いと言われる長期実践型インターンシップに着目する。大学生が、良いインターンシップとは何かを理解し、実際に参加を検討する時に読む入門の教科書である。

あなたから見えている世界

インターンシップは、「学生が企業などの学校の外で、将来のキャリア形成のために、就業体験をすること」である。学校の講義や部活動、アルバイト、サークル活動などとは異なる経験が得られる。そして、学校の外の社会・企業で実践することに特徴がある。参加学生の将来のキャリア形成に有益な体験・経験が得られる。大学生に限らず社会人でも同じであるが、自分が知っている世の中は、実際の世の中のどのくらいの大きさなのだろうか。見えている世界は本当にほんの一部で、知らないことだらけである。さらに、知っていたとしても、世の中・社会は進化し続けていて、全部の世界を見続けることは不可能である。また、自分自身のことをどのくらい自分で理解しているだろうか？ あまり理解できていない人が大半なのではないだろうか？ 多くの大学生は、大学進学に向けて、自分の興味関心と照らし合わせて大学や学部選択などを行っているが、自分の人生を振り返り、深く自分を見つめなし、「私が何者で何がやりたいか」堂々と言い切れる人は少ないのではないだろうか？

仮にこんな質問があったらどう考えるだろうか。

①　あなたは世の中・社会のどれくらいを理解していますか？

②　あなたが知っている企業はどのくらいありますか？

③　あなたはどのような働き方を知っていますか？

これまで社会との接点は、家族や親戚の人、兄弟、アルバイト先などが中心という人も多いのではないだろうか。また、テレビや新聞などのニュース、インターネットの情報に触れることはできるが、

図表１-１　あなたから見えている社会

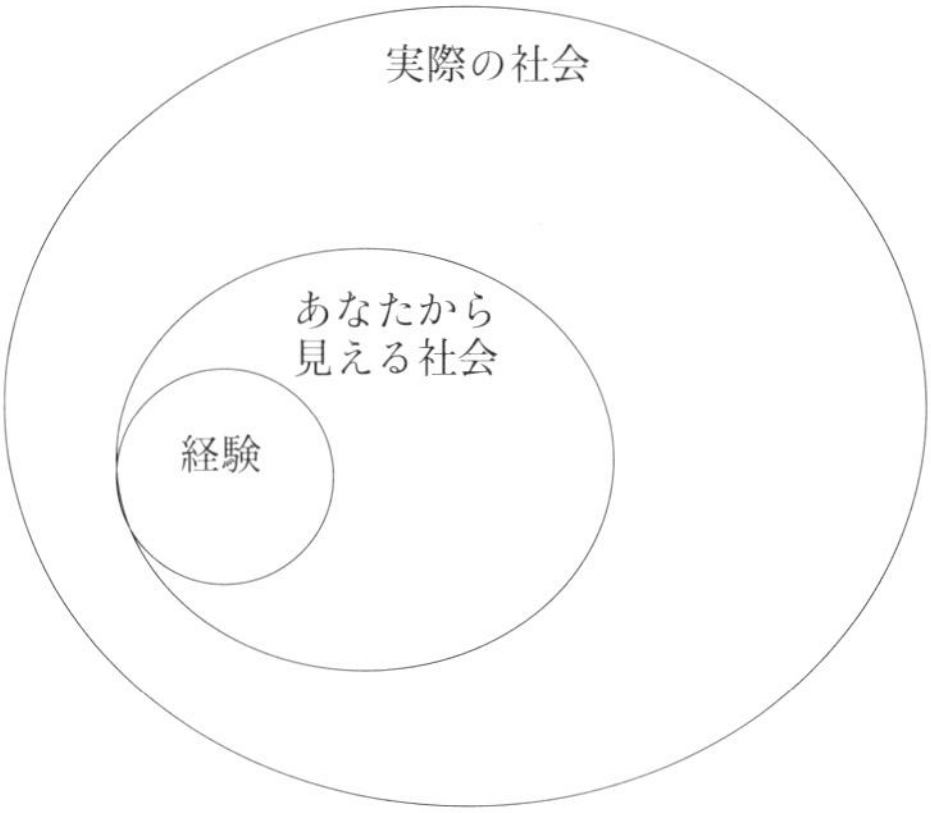

直接リアルな接点を有して、働くことがどんなことか、具体的にリアリティの高いイメージを持つことは難しいことである。世の中には本当に多くの企業が存在し、その中で多様な業種が存在し、働き方も多様化する。

あなたが見えている世界は、本当にごく一部であり、この見えている世界をどれだけ広げられるか？　見えている世界が正しく見えること、世の中のものの見方を鍛えることが、社会に出る前に大切である（図表１-１）。

もし、このように、一部の世界しか見えていなかった状態で、就職して社会に出なければならないとすれば、どうなるだろうか？　自分にとって望ましい結果が得られるだろうか？　もう少し世の中のことを知っていれば、こんな選択はしなかったはずだ！と後悔することもあるかもしれない。

社会を知ることに加えて、自分を知ることは、大変難しい。大学生を含めた若者は、様々な経験を通して、成長する可能性を秘めている。多くの場合、大学で自分の意思で授業を選択し、学業以外の時間も、自分自身で自由に選択する。比較的受け身で過ごしていた高校生までとは異なる。

社会に出るまでに、

「敵を知り　己を知れば　百戦危うからず」

そのためには、「インターンシップ」は有益な経験の一つである。

学生の立場で、インターンシップに参加すると、どんなメリットが存在するのだろうか。日本の場合は、インターンシップは、無償が原則で、一定期間企業で就業体験を行う。つまり、一定期間は、学業や資格の勉強、部活、アルバイト、趣味などの代わりに、インターンシップに取り組む。大学生にとっては、社会に出た後に自分で自分の幸せを追求するために、自分の時間を選択する。選択した経験によって、成長し、充実した大学生活を送ることが期待される。

参加・不参加の天秤

大学生は、自由な時間があると言われるが、人それぞれに与えられた時間は平等である。その中で限られた時間を配分することを考える必要がある。つまり、自分自身にとって、最適な配分を考えて、取捨選択を行う必要がある。つまり、「選択と決断」が重要となる。

では、どのように選択し、決断をするのだろうか？　インターンシップの参加と不参加のどちらが有益であるかを考え、選択し、決断することになる。正しく決断するには、自分自身が大切にするも

図表1-2　インターンシップに参加・不参加の天秤

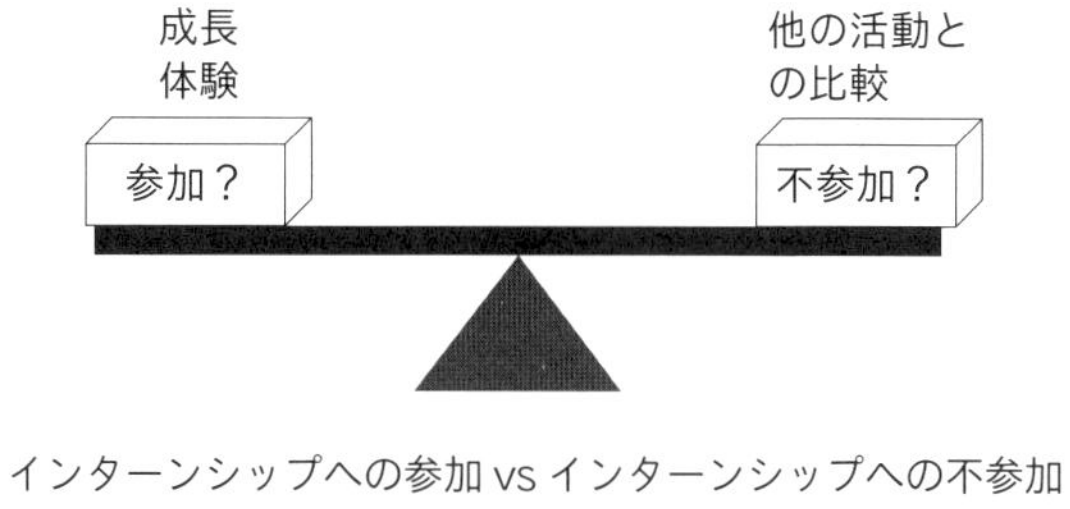

のを理解し、インターンシップの内容を把握することが必要である。自分が何者かわからない状態や、インターンシップの内容がわからない状態では正しい決断は困難であろう（図表1-2）。

これまでに、インターンシップの効果については、一定の蓄積がある。一般的に言われているインターンシップの効果は、次のとおりである。「キャリア教育」「学習意欲を喚起」「社会人として活躍するための人材育成」などである。学生自身が、自分自身の状況を理解し、将来のキャリア形成に向けた目標を作成すること、そのために、働くことや社会についての理解を深めること、インターンシップに参加することで、さらに将来のキャリアイメージが明確になり、目標に向かって、今まで以上に学習意欲が増加し、頑張って学習するようになることが期待される。これらの経験を通して、将来社会に出て働くために必要な能力を高めることが期待される。

インターンシップの効用

・キャリア教育・専門教育の意義キャリア教育・専門教育の推進、学生のキャリア形成を支援

・学生の新たな学習意欲を喚起する契機となる

・高い職業意識の育成――学生が自己の職業適性や将来設計について考える機会となり、主体的な職業選択や高い職業意識の育成が図られる。就職後の職場への適応力や定着率の向上にもつながる。

・自主性・独創性のある人材育成――企業等の現場において、企画提案や課題解決の実務を経験し、就業体験を積み、専門分野における高度な知識・技術に触れながら実務能力を高めることは、課題解決・探求能力、実行力といった「社会人基礎力」や「基礎的・汎用的能力」などの社会人として必要な能力を高め、自主的に考え行動できる人材の育成にもつながる。

これらを学生の視点から、整理すると、以下の四つのステップにまとめることができる。

① 社会・世の中を知る

② 自分の将来のキャリアのイメージが明確になる

③ 自分の適性や課題が理解できる

④ 学習意欲・次の挑戦への行動

将来の自らのキャリアをイメージするためには、いくつかの要素を取り入れることで、より明確に

図表1－3　学生にとっての自己理解・キャリア形成モデル

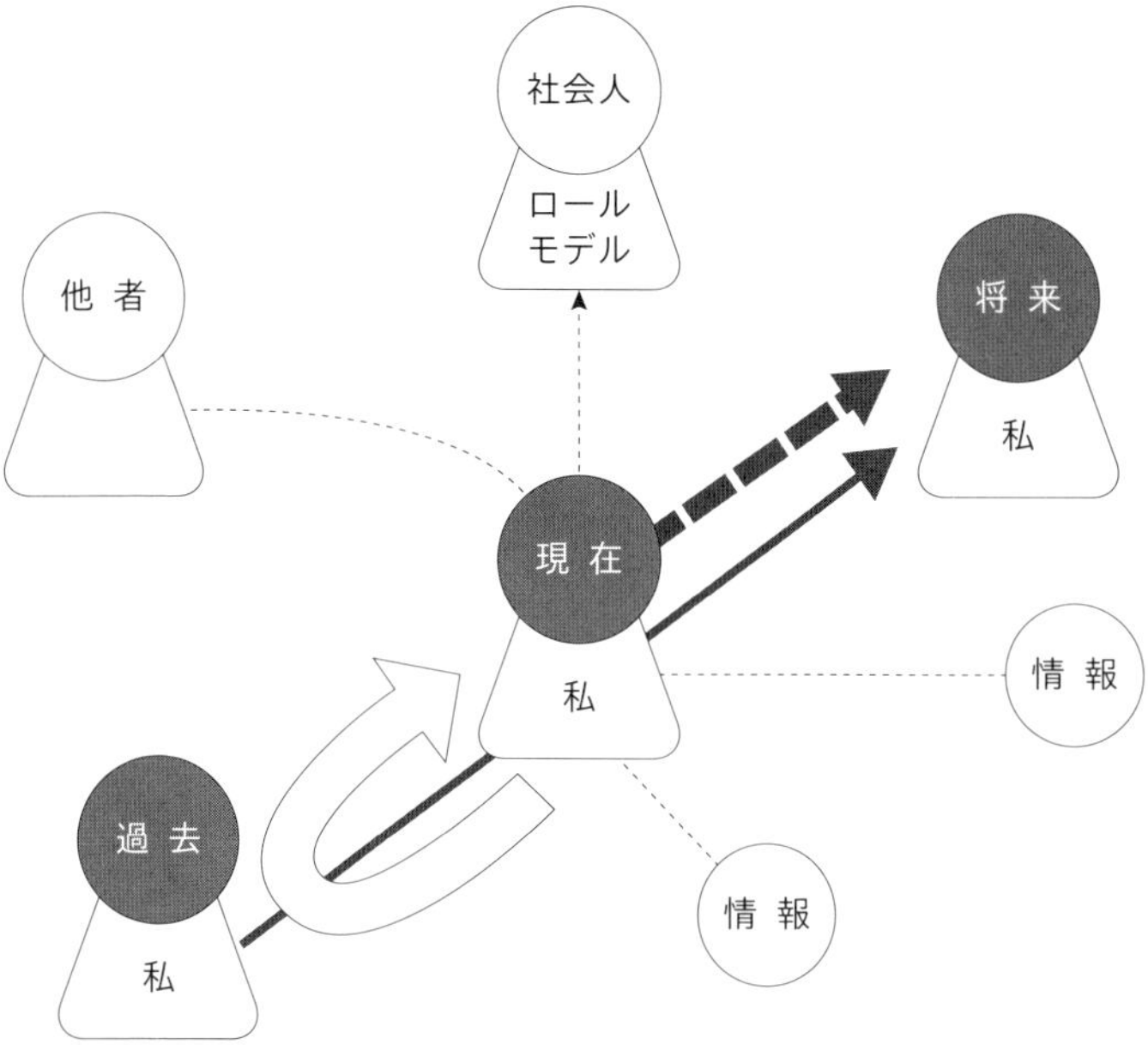

（出所）野村・今永（2021）

なると考えられる。

一つ目は、過去の自分を振り返って自分を知る。二つ目は、他者から学ぶ。三つ目は、社会人のロールモデルから学ぶ。四つ目は、様々な外部の情報から学ぶ（図表1－3）。

一つに限定するのではなく、状況に応じて、バランスよく取り入れることが必要である。

インターンシップには、自分にない情報を取り入れ、社会人となるロールモデルから学ぶことができ、一緒に参加する学生の他者から学ぶこともできる。つまり、将来のキャリアを明確にするために、有益な機会として捉えることができる。

Column 1

「三省合意による定め」大学・学生、企業にとってのインターンシップの意義

インターンシップは、一九九七年に文部科学省・経済産業省・厚生労働省（現在の名称）の三つの省庁が連携して、「大学等におけるインターンシップを始めとするキャリア形成支援に係る取組について」合意がされ、近年も産業界と大学側でも協議を重ね、改正されてきた。

この中では、大学等及び学生にとっての意義としては以下の点が挙げられている。

①キャリア教育・専門教育としての意義／②教育内容・方法の改善・充実／③高い職業意識の育成／④自主性・独創性のある人材の育成

また、企業などにおける意義としては、以下の点が定められている。

①実践的な人材の育成／②大学等の教育への産業界等のニーズの反映／③企業等に対する理解の促進、魅力発信／④採用選考時に参照し得る学生の評価材料の取得

大学、企業、学生と異なる三つの主体が存在する中で、それぞれの異なるニーズを満たし、お互いが競争ではなく、共創し、学生にとってより良い効果が得られる内容が望まれている。

プロティアン・キャリアの時代到来

学生生活を過ごしたのちに、大学院の進学や途中で留学などの経験がある場合も、その後、社会人として働く人が大半だと想定される。日本は、二〇二一年度の大学進学率は、56・6％と過去最高（文部科学省学校基本調査より）である。少子高齢化社会の中で、大学は、選ばなければ全員入る状況になってきている。つまり、大学に進学したからといって、有利な時代は終わりを遂げつつある。大学に入って卒業することの価値から、大学時代に何を「実践」したか、何を「身につけたか」が重要になる。

これまでは、大学卒業と同時に全員が一斉に採用されて、社会人が始まるという「新卒一括採用」が日本の社会では広く浸透していた。その背景には、市場が成長し続けることを前提とする終身雇用が存在した。現在、終身雇用の前提は崩れ始め、就職後、会社内のコミュニティによって働く期間を過ごすことから、転職や兼業副業を含めて自分で自分のキャリアを形成する働き方へ変化している（図表1－4）。

大学を卒業して社会人になったら、勉強をしなくてよいのではなく、これから先ずっと学び続け、成長し続けることが必要な時代が到来したことを意味する。学ぶことにくわえ、自分が何をしたいかという将来のキャリア形成に対するイメージを明確に持つことと、自分は何ができるかという得意な部分、専門的なスキルを有し、スキルを伸ばし続けることも重要である。

これからの社会では、自分のキャリアを自分で作ることが推奨されている。プロティアン・キャリ

図表1－4　未来に向けたジョブ型の推進

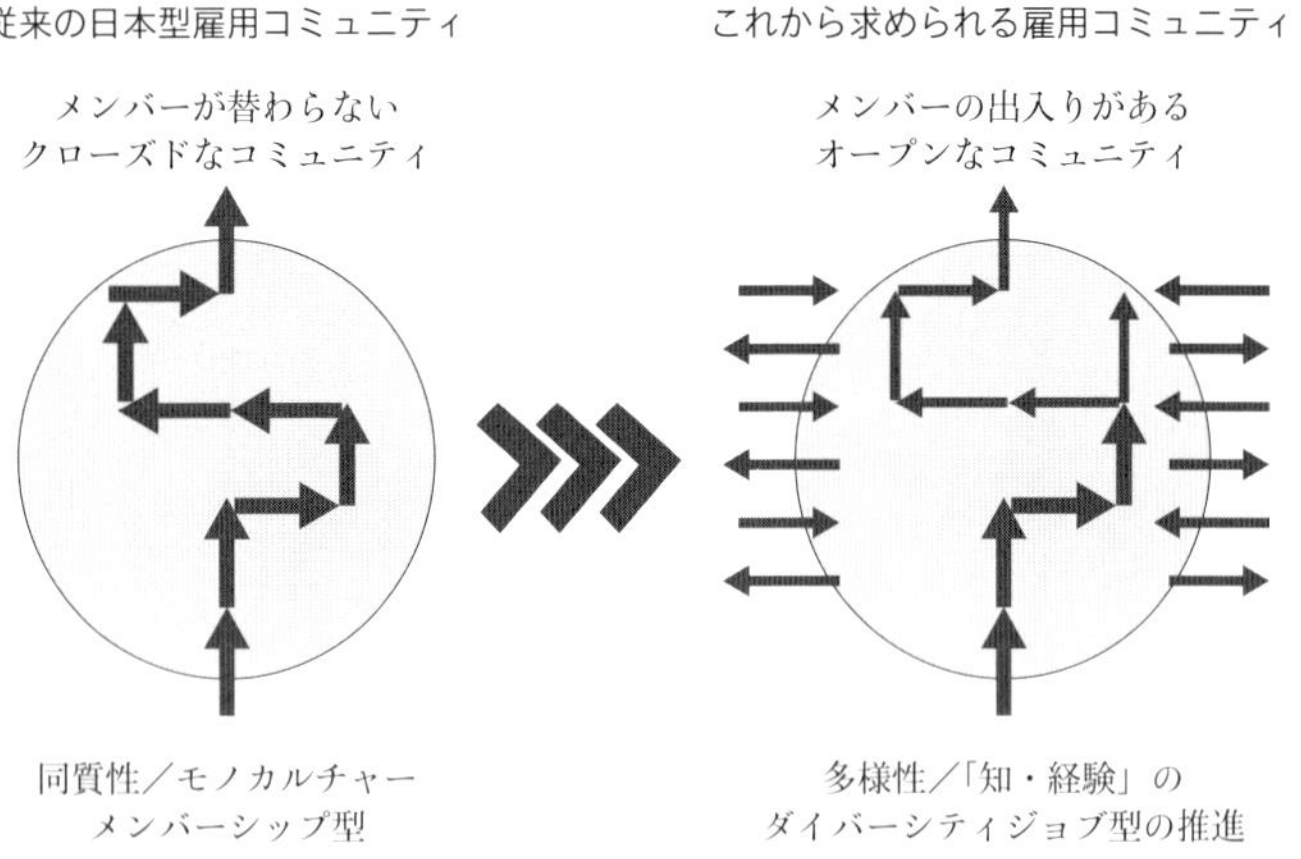

（出所）経済産業省（2020）

ア」と呼ばれ、「労働者自身の自己実現や幸福追求のために、環境の変化に応じて柔軟に自分を変化させながら成長をしていくキャリア形成」を意味する（図表1－5）。

今までは、大学に入り、その後企業に入社し、会社の中で、忠実に仕事をする中で、会社が自分のキャリア形成をサポートしてきた。一方、環境が変化することが当然の時代になり、企業が定年までの間に存在するとは限らない状況になり、求められるスキルも多様化している。そして、スキルもすぐに賞味期限が来てしまい、学び直し（リスキリング）が必要となってきている。

最初の就職先が「ファーストキャリア」と呼ばれるようになり、転職などが前提のキャリア形成が普通の状況に変化しつつある。また、出産・育児や介護などのライフイベントに応じた多様な働き方や、学び直して再就職する形態も珍しくない。

図表1-5　伝統的キャリアとプロティアン・キャリア

	組織内キャリア（伝統的キャリア）	自律的キャリア（プロティアン・キャリア）
環境変化	環境変化は前提ではない	環境変化することが前提
キャリアの所有者（主体）	組織内キャリア	個人
核となる価値観	昇進，権力	自由，成長
成果	地位，給料	心理的成功
態度	組織コミットメント	仕事の満足感，専門性へのコミット
アイデンティティ（自分らしさ）	組織から尊厳されているか（他人からの尊重）私は何をするべきか（組織認証）	自分を尊厳できるか（自尊心）自分は何がしたいのか（自己認識）
アダプタビリティ（変化適応力）	組織で生き残ることができるか	自分の市場価値（仕事に関係する柔軟性）

（出所）田中（2019）

ファーストキャリアを人生の幸せを手に入れるための確率を上げるために、大学時代におけるインターンシップがより重要な位置づけになる。

「自分はどのようなことに適性があり、好きであり」、「将来どのような仕事につきたいか」を把握するための業界や企業の状況や、自分に合致した職種などを理解することが、自分で自分のキャリアを主体的に形成するためには重要である。

インターンシップが単なる就職先に合格するためのテクニックを身につけるための存在ではなく、自律的なキャリア形成のために重要な存在である。

Column 2

インターンシップの起源

インターンシップの起源は、一九〇六年アメリカのシンシナティ大学工学部長ヘルマン・シュナイダー（Herman Schneider）博士が創案したと言われている。大学と地元の工作機械メーカーの間で行われた「Cooperative Education Program」（CO-OP教育）が、インターンシップの起源と言われている。コーオプ教育の明確な定義は曖昧な状況にあるが、「座学と現場における就業体験を融合させた教育」と言う点で、インターンシップと共通する内容が含まれている。

コーオプ教育は、大学が主導となり、教育プログラムの構築、企業からの報酬が得られる、三か月以上の長期間実施される。アメリカでは、一九六〇年代に政府からの支援によって拡大を続け三分の一程度の高等教育機関でプログラムが開講されるなどの展開が得られた。

日本では、コーオプ教育は近年注目され、一部の大学や、専門職大学などで取り組まれている。

日本のインターンシップは、一九九〇年代にキャリア教育の一環として大学のプログラムと連携し五日から一〇日前後で取り組まれた。その後、企業側が採用の観点で二〇一〇年代半ばから積極的に実施するようになった。昨今では、大学の単位化されたプログラムも多く存在し、学生や企業にとってインターンシップの言葉が浸透したが、この三〇年くらいの期間に過ぎない。

2　インターンシップにはどんなものがあるのか

インターンシップは、「学生がその仕事に就く能力が自らに備わっているかどうか（自らがその仕事で通用するかどうか）を見極めることを目的に、自らの専攻を含む関心分野や将来のキャリアに関連した就業体験（企業の実務を経験すること）を行う活動（ただし、学生の学修段階に応じて具体的内容は異なる）」の文部科学省・経済産業省・厚生労働省による定義が広く浸透している。

日本では、一九九〇年代後半から、政策的に、キャリア教育の一部として、教育的な要素が強調されて二〇〇〇年代に発展を遂げた。二〇二〇年代には多くの大学でインターンシップが単位化されている。令和元年には71・6％（五六三校）が大学の単位化されたプログラムとして、インターンシップが実施されている。（文部科学省）。また、マイナビの調査によると、二〇二四年卒の学生は、83・7％がインターンシップに参加しているが、大半は五日以内の仕事体験プログラムで、二週間以上のインターンシップに対する参加割合は一割以下である。

これまで、企業が主導する採用活動が、学生の教育機会を侵食しすぎない配慮として、「就職協定」が結ばれ、企業が内定を出す日、採用を開始する日、広報の開始時期の制約が存在した。すなわち、企業による学生の青田買い（早期に優秀な学生を囲い込むこと）を防ぎ、一定の時期までは学業に専念し、一定の時期からは就職活動を実施できる体制が整えられた。背景には、日本企業の多くが、卒業

図表1－6　採用・内定に向けた就職活動のプロセス

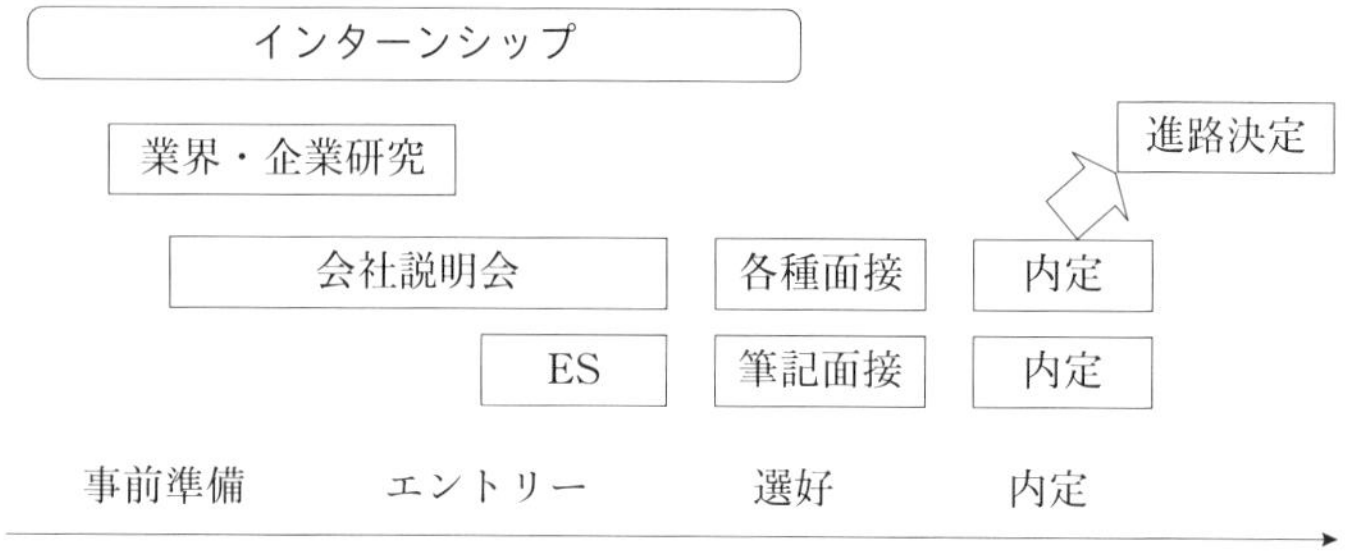

後に一斉に入社する新卒一括採用の制度を採用することも一因である。

日本では、大学を中心に二〇〇〇年代初めから、「キャリア教育」として大学で実施するインターンシップを中心に発展した。その後二〇一〇年代からは、インターンシップがキャリア教育の一環として取り扱われた。就職活動の面接の解禁時期の前に、採用活動ではないことから、インターンシップが実施され、企業主導のインターンシップが急増した。企業の立場では、なるべく労力・コストを最小化した上で、多くの学生との接点を持ちたいインセンティブがある。そこで、短い期間でより多くの学生と接点が得られる1Dayインターンシップと呼ばれる内容が発展した。就業体験を伴い、教育効果が認められる良質なプログラムもあるが、単に施設の見学のみや、社員と対話をする説明会と類似した内容も散見された。結果として採用ではないインターンシップが浸透した。学生にとっては早期に短期間のインターンシップに参加することが促された。そこで、日本経済団体連合会（企業の連合）と大学関係者で協議を行い、インターンシップの定義を改め、条件が追加された。

インターンシップの定義・呼び方

企業が主導となって実施してきた短期の採用目的のインターンシップは、別の名称として実施される。「オープンカンパニー」「キャリア教育」という名称でインターンシップと区別する。ただし、これらはインターンシップの名称は使わないが、キャリア教育の一環として、将来のキャリアを考えることや、世の中の情報を知ることに関しては、有益である。「インターンシップ」の名称を使うことができるのは、短期では五日以上の期間、長期では二週間以上の期間、このうち就業体験を半数以上含むものに限られる。また、インターンシップのルールを遵守した場合には、就職活動開始後の時期に個人情報を活用してよいことが明記された。これまでは、教育の要素が重視され、採用とは切り離されてきたが、企業側にも採用と連携するメリットが認められた（図表1‐7）。

名称としてインターンシップと呼ぶものも中身は千差万別である。長期間実施し、社会人と一緒に働く内容から、数日間で見学・体験が中心なものまで様々である。以下では、経済産業省「インターンシップ活用ガイド基本編」で示された五つの分類を紹介する。

体験が中心で比較的短い期間で実施される「仕事理解型」、採用の一環として説明会と類似した内容の「採用直結型」、実践が中心でアルバイトではできない内容を社員と一緒に取り組む「業務補助型」、グループで企業の課題や企画に取り組む「課題協働型」、企業の新規事業や組織変革に挑戦する「事業参画型」が存在する（図表1‐8）。

企業のプログラムとしては、「業界の企業の説明」「社員との対話・座談会」「新規事業や社会課題

図表1-7　企業主導のインターンシップの類型

類　型	性　質	主な特徴	採用活動の可否	就業体験の有無
オープンカンパニー	個社や業界に関する情報提供・PR	企業・就職情報会社・大学キャリアセンター主催のイベント・説明会を想定。超短期（1日）	不可	なし
キャリア教育	働くことへの理解を深めるための教育	企業の CSR として実施するプログラムや，大学主導の授業など		任意
汎用的能力・専門活用型インターンシップ	就業体験を通じて，学生にとっては自らの能力の見極め，企業にとっては学生の評価材料の取得	汎用的能力活用型は短期（5日以上），専門活用型は長期（2週間以上）。参加期間の半分以上は職場で就業体験	採用活動開始以降に限り，可	必須
高度専門型インターンシップ	就業体験を通じて，学生にとっては実践力の向上，企業にとっては学生の評価材料の取得	ジョブ型研究インターンシップなどを施行中（主に大学院生向け）		

（出所）文部科学省・厚生労働省・経済産業省（2022）をもとに筆者作成

をテーマにしたワークショップ」「企画・提案型のプロジェクト」「職場や工場の見学」「業務補助、業務の同行」「基幹業務の一部を経験」など、様々なものが存在する。

期間が短い場合は、「説明」や「見学」の要素が中心になり、実践的な内容や時間を有して検討することが困難である。長期間実施することで、大学生がアルバイトやボランティアでは経験をすることが難しい「実践」経験が可能となる。

図表1-8　経済産業省のインターンシップの類型

		学生の教育効果	企業のメリット	社会的意義
体験中心 数日～数週間が多い	仕事理解型	自己の適正・志向の理解	企業・業界広報	学校から職場・社会への円滑な移行
	採用直結型	働くこと・業界の理解	採用マッチング	
実践中心 数週間～数か月が多い	業務補助型	社会人基礎力	若者を活用した業務の推進	将来の産業界を担う若者の育成
	課題協働型	社会人基礎力+学びの実践	若者の発想の活用・社内活性化など	
	事業参画型	社会人基礎力+リーダーシップ	若者を活用した新規事業などの推進	

（出所）経済産業省（2013）

代表的な三つの選択肢

学生はインターンシップをどこで見つけ、どのように参加するのだろうか。代表的な三つの選択肢について検討する。

①大学がインターンシップを実施する場合

大学の講義のカリキュラムの中で、インターンシップが実施されている場合は、科目を受講することで、インターンシップの受講が可能となる。二〇一九年度より新たに生まれた専門職大学では、インターンシップに類似した臨地実務実習が必修科目とされている。それ以外の大学においても、単位化されて実施される割合は多い。ただし、学生数が多い大規模大学では、全員が受講できるプログラムの実施は困難であり、選択制の科目になっている場合が多いだろう。学内で単位化されていない場合でも、キャリアセンターや就職の案内の掲示板などで、インターンシップ情報が提示されている可能性は高い。

大学が関与するインターンシップに参加するメリットとしては、事前事後学習などを大学で実施する。そのため、教育効果が認められる内容・プログラムとなっている可能性が高い。ただし、学内での事前学習や事後学習が存在しない場合や、自分で企業を探して自主応募する場合は、以下で説明する「企業が実施するプロジェクトへの参加」と同じ状況である点には留意が必要である。インターンシップやキャリア教育に注力している大学や、専門の教員、実務家教員、外部の企業の協力などをPRする場合は、良いプログラムが実施されている可能性も高い。その場合は積極的に参加を検討すると良いだろう。ただし、必ずしも自分の希望する企業や内容に当てはまるとは限らない点にも留意は必要である。

②企業が実施するプロジェクトへの参加（自由応募）

自分自身でインターンシップ情報を検索して探すことである。企業のサイトや、インターンシップ情報が集約されているホームページを参考に企業に直接応募する。

メリットは、自分に合うインターンシップを探して応募することができる点にある。ただし、世の中の情報はたくさんあり、どのインターンシップが自分に合致するか、申し込み期間や募集人数なども様々で手間暇がかかる。また、事前学習や事後学習は行われないことが多い。自分で自己理解・自己分析を行い、目標を設定し、終了後に振り返りを徹底する必要がある。

③外部の団体や行政機関などが実施するもの（中間支援団体）

行政や中間支援団体（インターンシップ協議会）などが、地域でのインターンシップ情報を集約し、

図表1-9　各プレイヤーが実施するインターンシップの特徴

	メリット	デメリット
①大学	事前・事後学習などが充実している 大学が企業との連携を行い，プログラムを提供してくれる可能性が高い	必ずしも自分の希望する条件（期間や内容・企業）とならない 時間・内容の自由度が少ない
②個人（自由応募）	時間・内容・企業・プログラムなどについて自由に選択することができる	探して応募する労力がかかる 教育効果などは企業による
③中間支援団体	大学と個人の良いところを満たす 事前・事後の学習プログラムがあることが多い。選択肢が多い。	支援する自治体や団体などが近隣にあるとは限らない。 単にマッチングするだけの機能の場合もある

	教育要素	自由度	学生の労力
①大学	◎	△	◎
②個人（自由応募）	△	◎	△
③中間支援団体	○	○	◎

説明会を実施する場合もある。企業が実施するプロジェクトへの応募と類似するが、合同でインターンシップの事前学習会や事後の振り返り会などを実施する場合もある。

大学でも企業でも行政でもない、第三者のインターンシップ専門の中間支援団体が、学生と企業双方に関与する形態もある。これらの団体が大学と協力して実施している場合も存在する（第三章参照）。

Column 3

海外のインターンシップ

日本以外の地域では、どのようなインターンシップが行われているのだろうか？

世界中にはそれぞれの事情が異なる点には、留意が必要だが、例えば、アメリカでは、比較的長期間、六週間から一二週間のインターンシップが中心である。採用直結で有償型である点にも特徴がある。Column 2で触れたコーオプ教育は、三か月から六か月間で実施されるが、主に大学が中心となった教育プログラムであり、インターンシップとは区別されている。アメリカのインターンシップでは、学生が大学時代に学んだ領域を中心に、企業で実践的な内容の活動を行うが、学生としても、就職する意欲が高い状態で参加する。この状態が構築されることで、企業も専門的に細分化された内容として、マーケティングリサーチ、調査分析、顧客ニーズの調査、企画立案など、何かの体験というよりは、実践的な問題解決を行うプログラムを実施することが可能となる。

他方、イギリスにおいては、二〇〇〇年代以降に、アメリカで盛んになったインターンシップが実施されるようになった。イギリスの特徴は、夏休みの期間に「四～八週間の有給のインターンシップ」が最も多く行われている点に特徴がある。

企業との連携のあり方や、大学の関与の仕方などで様々な特徴が存在する。日本のインターンシップは、どのような形に進化していくのか、日本型雇用システムと呼ばれる、終身雇用や新卒一括採用などの特徴がある中で、今後の連携のあり方にも注目する必要がある。

3　ボランティア・アルバイトとインターンシップの違い

インターンシップは、学生の視点から捉えた場合も多様なものである。学年によっても意味が違う。プログラムの内容や期間によっても異なる。専門分野との関係性なども様々な要素が存在する。インターンシップと似た活動として、アルバイトやボランティアが存在する。インターンシップとの違いを比較検討する。

アルバイトとの違い

アルバイトは、インターンシップと何がどのように違うのだろうか。

アルバイトは、定められた仕事に対する労働の対価として報酬が支払われる。つまり、アルバイトは仕事のタスク・ジョブが中心で、その労働力として定められたことを実施し対価を得る。インターンシップは、仕事の体験を行う点では共通ではあるが、定められたことを行うよりは、学生にとって将来のキャリア形成や社会で働くことを知るために、適したプロジェクト、プログラムを行う点に違いがある。

大学生はなぜアルバイトをするのだろうか。株式会社マイナビの調査によると、大学生がアルバイトをする目的で最も多い理由が「貯金をするため」（六割弱）である。続いて、「自分の生活費のため」、

図表1-10　多種多様なインターンシッププログラム

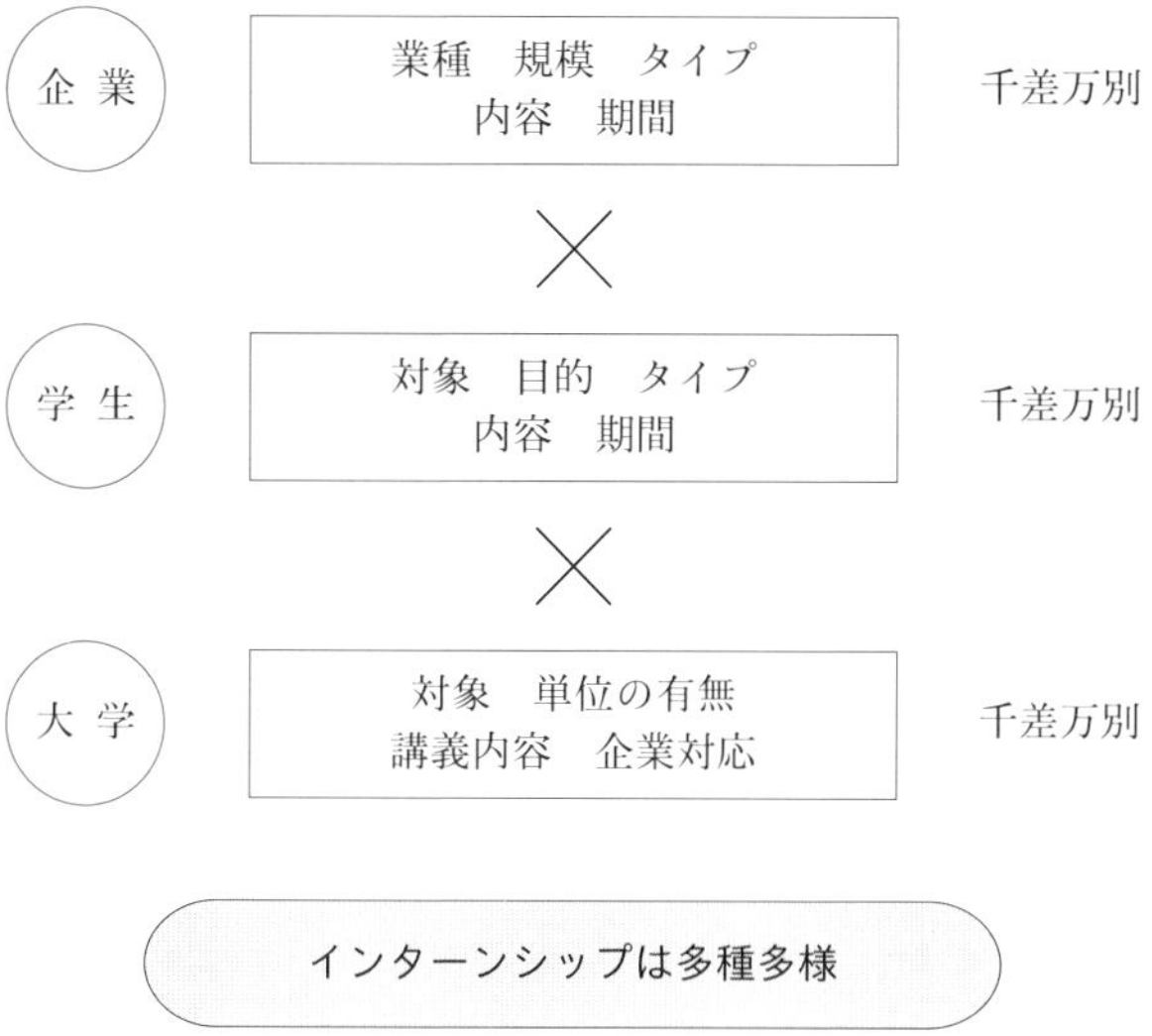

（出所）野村・今永（2021）

「趣味のため」である。生活そのものや何かの活動を行うために必要な資金を得るためにアルバイトをしている学生が大半である。「社会経験を積むため」や「スキルを身につけるため」「就職活動に活かすため」「将来のキャリアのため」などの理由の回答もあるが、金銭的な理由と比べて劣後する。これらのことから学生のアルバイトをする主な目的は、資金を得ることが中心にあると考えられる。

「大学の専門分野に関連するアルバイトについては、学生が様々な気づきを得る点では一定の評価ができるが、学生にとっては一義的に収入を目的としたものであり、また、企業等にとっても主として労働力としての役割を期待しているものであることから、アルバイトをインターンシップと同

図表1-11　インターンシップとアルバイトの違い

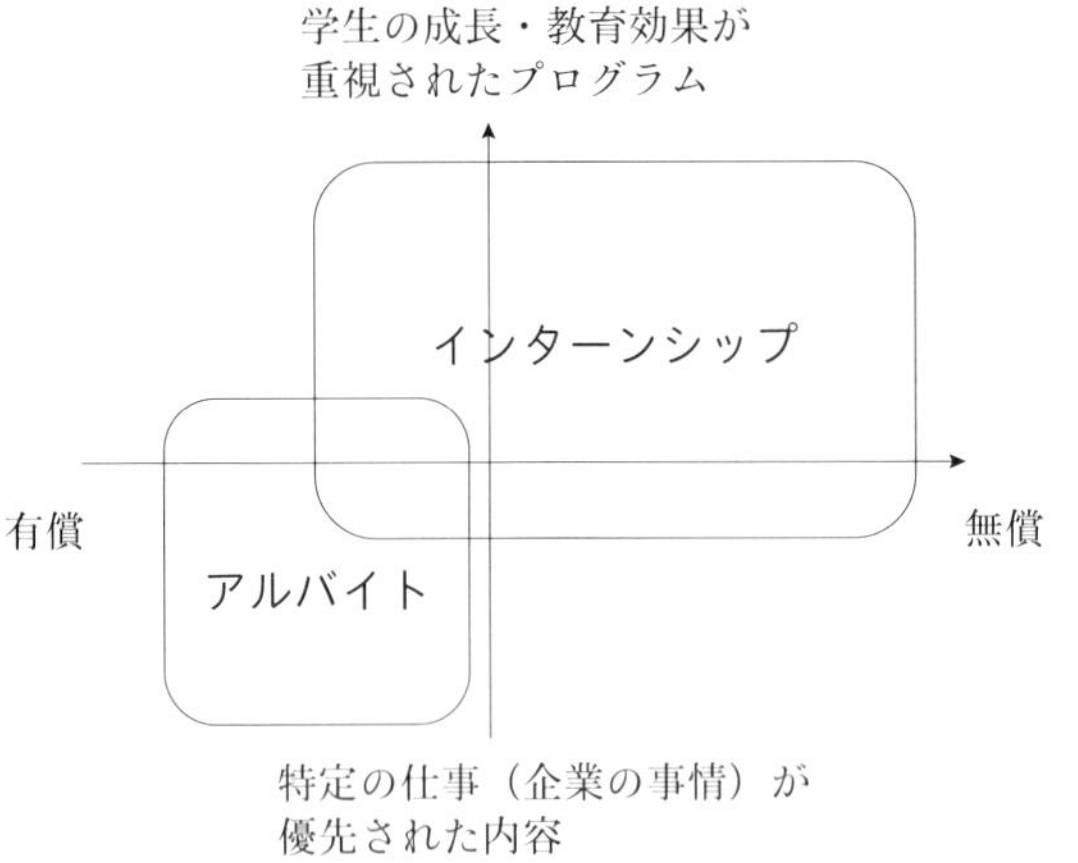

等に取り扱うなどの教育的位置づけについては引き続き検討が必要である」（「インターンシップの普及及び質的充実のための推進方策について意見のとりまとめ」より抜粋）

このように、目的がアルバイトとインターンシップでは異なる。アルバイトを全否定するわけではなく、自分が将来就きたい仕事のために、当該領域のアルバイト経験を積むことは有益であろう。そのアルバイトの中で、今まで知らなかったことが見えてくることも考えられる。また、インターンシップよりもアルバイトが特定の経験やスキルが身につかないとは限らない。アルバイトの種類によっては、効果的な状況もある。昨今では、有償型インターンシップということでお金がもらえるアルバイトのようなインターンシップも普及している（図表1-11）。

図表1-12　ボランティアとインターンシップの違い

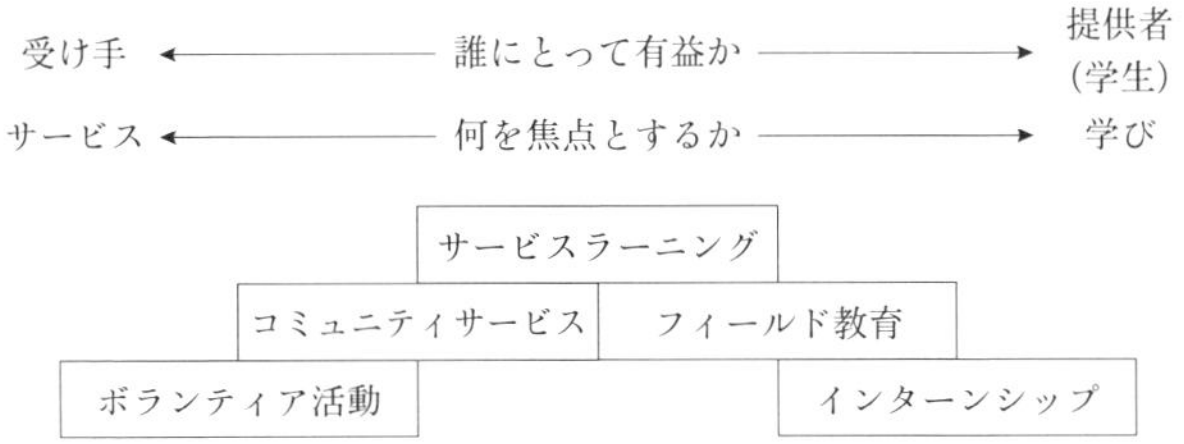

（出所）森定（2014）

ボランティアとの違い

次に、「ボランティア」と、インターンシップは何がどのように違うのだろうか。

「無償」で、「学外の経験」をする点では、インターンシップとボランティアは類似点がある。一般的には「自発的な意志にもとづき他人や社会に貢献する行為」を指してボランティア活動と言われ、活動の性格として、「自主性（主体性）」「社会性（連帯性）」「無償性（無給性）」等が挙げられる。国民生活選好度調査では、ボランティア活動を「仕事、学業とは別に地域や社会のために時間や労力、知識、技能などを提供する活動」と定義される。

ボランティアとインターンシップは、目的が異なる。ボランティア活動は、受け手にサービスを提供することが重視されるが、インターンシップは学生に学びを提供することが重視される。インターンシップの場合は、学び・教育が前提として存在するため、一定の教育効果を出すためにプログラム化されている点に違いがある。また、ボランティアはＮＰＯなどの社会の課題に対して取り組む非営利セクターが主体となることが多く、「社会における様々な課題を発見し、改善していくために考えるということ」「他者と協力しながら行動すること」といった社会性の高さがある。一方、ソーシャルビジネスなどに取り組む企業のインターンシップなどは存在するが、インターンシップの実施主体の中心は企業である。

つまり、ボランティアの魅力としては、「社会課題に関して自身の理解を深める」ことが最も大きな効果として捉えられる。今まで自分自身が知らなかった領域に触れることで、視野が広がり、知識が深まる点が特徴である（図表1－12）。

Column 4

企業からみたアルバイトとインターンシップの違い

企業の立場からもアルバイトとインターンシップでは求めるものや、提供するコンテンツが異なる。

アルバイトの場合は、あくまで経済合理性、効率性を追求することになる。したがって、なるべく同じような業務を長く実施してもらった方が、熟練度が上がり効率的である。さらに、余分なフィードバックや必要以上の研修などは、企業の従業員にとっても時間が割かれてコストになってしまうので、マニュアル化されて、そのとおり実施することが多いであろう。一方、インターンシップの場合は、企業の人にとっても、基本的には学生の教育効果、成長を一番に考えながら、その中で、企業として協力できることを実施することになる。したがって、アルバイトのように効率主義には走らず、例えば学生が様々な業務を経験した方が企業の仕事の理解が深まるとすれば、そのように配置を転換しながら様々な業務の経験を行うことが実現する。また、企業の人からのフィードバックなどの時間も、働くことを理解する上では重要であるため、一定程度の時間は割かれることになる。

ある受入企業の経営者によると次の発言を得たことがある。「アルバイトの場合は、学生に特定の仕事をお願いすることになる。なるべく効率性を重視するために、決められた内容をなるべく長くやってもらった方が良い。一方、インターンシップとなると、効率性よりは、学生の成長を考えると、いろいろな仕事を経験してもらったほうが良いから、いろいろな仕事を体験してもらう。企業にとってもインターンシップで受け入れることで、いろいろな経験を与えようと働きかけることができる」。

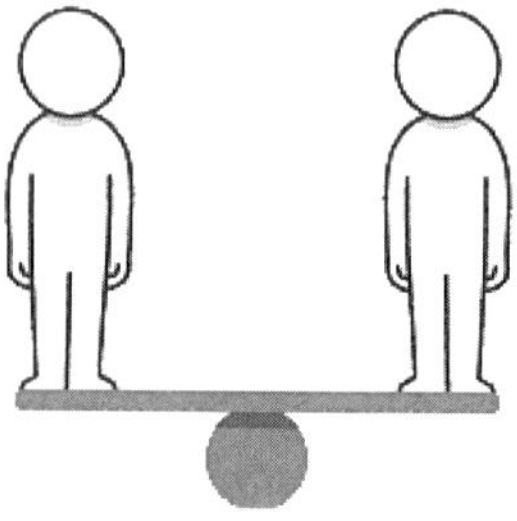

4　教育プログラム・採用セミナーとの違い

大学内でもインターンシップと類似した内容の取り組みが多く存在する。就職ガイダンスの一環や、情報提供の観点から、授業とは別枠で、企業の代表者や社員による業界の話や企業の説明、大学のＯＢや関係者による講演会や、登壇者自身のキャリア形成の話などがある。このような機会は気軽に参加でき、情報を獲得できるので、時間が合えば参加すると良いだろう。また、授業の中でもキャリアに関連する授業や、それ以外でも、ゲスト講師として企業の人が大学に来て情報提供する機会も存在する。

インターンシップに類似する講義としては、ＰＢＬ型（project based learning）の講義がある。学内で実践的な課題をグループで解決を目指して議論し、発表する。企業が課題を提示し、途中や最後にフィードバックがもらえるものや、実際に企画が採用され、企業側と製品化に向けて議論や検討を重ねた上で販売されるなど、ビジネスの流れを実践できるものもある（図表1‐13）。社会の人々と接し、議論や対話を行うことによって、学内の座学での知識のインプット、テストやレポートでは困難な「社会人としての必要な能力」を身につけることが期待できる。

次に、教育プログラムと採用セミナーとの違いについて言及する。教育プログラムは、学生の自己成長とキャリア構築を支援する教育的な側面が強い。採用セミナーは就職活動の実践的な側面を重視

図表1-13　教育プログラムごとの特徴

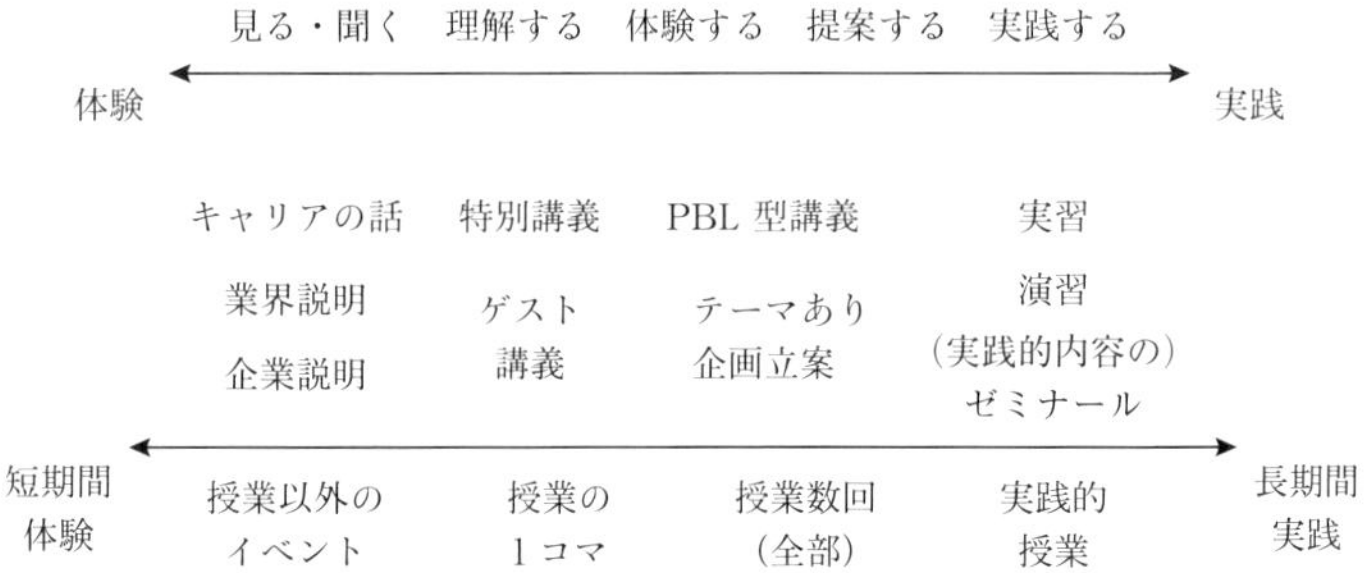

する。採用セミナーは就職活動に必要な応募手続き、面接対策などの情報を学生に提供し、企業の採用担当者や現場の実務者などの企業の人との交流など、就職の準備を支援する。重要なことは、学生がそれぞれを適切に組み合わせ、バランスよく取り組むことである。教育プログラムで自己成長を促進し、同時に採用セミナーで実践的な就職活動のスキルを身につけることで、より良いキャリアの構築に向けた準備ができる。

大学の教育プログラムとして選択する場合には、「実務家教員」と呼ばれる「専攻分野における概ね五年以上の実務の経験を有し、かつ高度の実務の能力を有した大学教員」にも注目すると良い。実務家教員は、かつての実務経験を生かして、業界特性や実務的知識の共有や経験談に加えて、社会で必要な能力と学生の現状のギャップを捉え、段階的に乗り越えられるか、個別にフィードバックをもらえる可能性もある。ビジネスの現場で体験することは、学内で実践的な擬似体験とは異なる。学内では、大学の先生や友人が周りにいる環境であることから、同じことを経験しても緊張感という観点では大きな違いが存在する。緊張感があるアウェーの空間の中で、

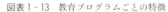

図表1-14　教育プログラムと採用セミナーの違い

	教育プログラム	採用セミナー
目的	キャリア形成／成長支援	就職活動における知識やスキルの習得
内容	就職活動のみならず，キャリア探索を行い，目標を実現するためのキャリアプランを検討する。また，社会や企業の課題をグループで考えるPBL型プログラムもある	業界・職種研究，就職活動の情報，企業の採用プロセス，エントリーシートの書き方や面接の受け方，グループディスカッションなどのノウハウの提供
主催	大学側が主導し単位履修につながるものや，正課外として大学やキャリアセンターなどの教育機関が主催し，授業外に自由に参加できるプログラムがある	企業や就職支援企業が主催。学部を問わず大学生が参加できるもの，特定の参加者に限定するものもある
開催方法	大学内で開催され，授業内で実施するアクティブ・ラーニング形式，プロジェクト形式，ワークショップ形式などがある	主に大学外で実施され，企業や専門施設，オンライン環境で開催される

実践する内容が何であれ、適切な言葉遣いやマナー、報告連絡相談などの内容を実践する経験が、学生から社会人のギャップを埋めるのに必要な経験となる（Column18参照）。その経験を通して、大学での学修の基礎となる学問的・知的作業のためのアカデミック・スキルの習得のみならず、日常生活、社会生活を送る上でも必要とされる汎用性のある技能であるジェネリック・スキル（generic skills）を向上させ、体得することにつながる。

学外の緊張感あふれる場面を経験し、学生自身が、社会人と学生の違いを体感し、振り返ることで、「もう少しこんな点を改善しなければいけない」といった気づきや課題を実感することが、非常に重要である。うまくできないことを失敗ととらえず、経験を蓄積できたととらえ、どんどん挑戦をしてほしい。

Column 5

有償型インターンシップ

インターンシップに参加する際に、学生にとっては、その期間アルバイトなどが従前と同様にできない場合もあり、報酬が得られるか否か気になるところであろう。

日本の場合は、短期間のプログラムが多く（今は五日以上がインターンシップと呼ばれるようになったが、一日、二日から四日のプログラムが大半を占めている状況である）、その場合は、有償であるケースはほぼないであろう。また、遠隔地の場合は、交通費が必要になり、場合によっては住み込みで参加する場合などは宿泊場所の確保なども必要となる。このような場合には、交通費や場所の確保もしくは資金援助が得られる場合も存在する。

また、時給という概念ではなく、一定の金額を活動支援金として助成されるケースもある。長期間のインターンシップはまだまだ全体では少なく、大学が主導して実施する割合も少ない状況にある。企業にとっても長期間学生を受け入れながら、企業自身にとっても意義のあるプログラムだと認知されれば、金銭的な負担を受け入れた実施が広がる。

アルバイトとは異なる経験が得られるインターンシップであるが、まだまだ日本では発展途上の段階であり、大学で長期間のプログラムを実施する場合も、企業との個別のやり取りの段階で、様々な反応があるのが実態である。

今後、長期間の有償型の取り組みが広がっていけば、学生にとっても参加しやすくなる可能性が高まるだろう。

ディスカッションポイント！

❶ これからの社会ではどのようなことが求められるのか？

❷ 社会人になって、10年後・20年後、どのような社会になっているのだろうか？

❸ 未来の状況を踏まえて、あなた自身はどのように働いていたいのか？

❹ そのためには、どのような人になっている必要があるのか？　具体的に何をすべきか？

❺ インターンシップの種類と特徴は何か？

❻ アルバイトとボランティアとインターンシップの違いは何か？

❼ インターンシップと大学の講義の違いは何か？

❽ 今のあなたはどんなインターンシップに参加したいか？
それはなぜか？
あるいは、アルバイト、ボランティアが良いのか？　それはなぜか？

上記のテーマに関して実際に自分自身で調べてまとめてみよう。講義などで実施する場合は、それぞれの質問に対して、まずは自分で調べて意見をまとめた上で、グループで議論をし発表を行うことは有益である。発表では、複数のグループが存在する場合は様々な意見が出ることから、出てきた意見をもとに教職員やコーディネーター、または企業の担当者がファシリテーター役を担いながら、将来の社会の状況、その中でどのような働き方を求めるのかについてディスカッションする時間を設ける。また、社会人同士でも上記のテーマは有益な内容でもあり、社会人と学生が一緒になって議論することも有益であろう。

インターンシップとはどのようなものかイメージが湧かない状態の時に、アルバイトやボランティア、講義などと比較しながら考えることでどのような特徴があるかを自覚し、インターンシップへの参加を誘発することが有益であろう。先輩の話や社会人若手の経験者の話などを聞く機会があれば、その後にこの内容を議論すると理解が深まると想定される。

上記のような機会がない学生にとっては、コラム記載内容や、第三章の学生の体験談を読んだ上で、上記について自分で考える、もしくは本書を友人と一緒に読んで議論・対話を通した勉強会を実施することは非常に有益であろう。

また、学生同士だけの議論ではなく、様々な人と一緒に議論する機会も有益だろう。企業の人、企業もいろいろな企業に属する人や年齢構成などもバラバラであるとより良いかもしれない。

第二章　参加してみたい長期実践型インターンシップの特徴

1　役立つポイント

この章では、長期実践型インターンシップについて述べる。

長期実践型インターンシップは、「一か月以上の長期間で、専属のコーディネーターが学生と企業双方に、事前・インターンシップの実施中・事後にわたって、伴走支援を行うことで、企業の事業価値を高めながら、学生の教育効果の実現を両立するインターンシップ」と定める。

日本では、超短期間の採用主目的の 1Day プログラム・会社見学などが二〇一〇年代から流行した。また、大学の単位化されるプログラムでは五日程度で一単位、一〇日以上で二単位となる例があり、五日から一〇日でも中期・長期と呼ばれることもある。

長期間の一か月以上のインターンシップについて、教育効果が高いことが示されている。ところが、日本では、あまり長期間のインターンシップが経験できる機会が少ない。

いきなり半年間や一年間の長期のインターンシップへ参加するのは学生にとっては障壁が高いのは事実であろう。事前に準備をして、どんなインターンシップに行くかを見極めないと、参加したにもかかわらず自分に合わない場合、時間も労力も無駄になってしまう。

日本では短期・中期・長期という明確な線引きと期間の区別は、存在しないが、著者らが関わってきたプロジェクトは、三か月から半年以上が大半の「長期実践型インターンシップ」である。これらは、全国のコーディネーター団体が、地域の中小企業やベンチャー企業などと一緒に、学生が企業のプロジェクトに関与し、実践的な内容を経験するインターンシッププログラムである。特徴は、コーディネーターと呼ばれる存在が、大学でも企業でもない第三者として存在し、企業側と学生側双方に対して、事前・実施中・事後に伴走支援をすることが最大の特徴である。

Column 6

「チャレンジ・コミュニティ・プロジェクト」とは?

この本で何度も「コーディネーター」という名前が登場する。全国の地域コーディネート機関がネットワークをつくり、取り組んでいるプロジェクトが「チャレンジ・コミュニティ・プロジェクト（通称：チャレコミ）」である。地域コーディネーターや地域コーディネート機関とも言われる。コーディネーターは、特定の地域で、地域の課題解決にビジネスで挑戦し、そこでしか行われていない面白い取り組みをする経営者や仕掛け人（新規プロジェクトのリーダー）とたくさんつながりを有する。その企業経営者やプロジェクトと、地域外で、何かやってみたい人（大学生や、副業兼業で挑戦したい社会人）をつなぐ仕事である。こうしたいわば、「地域の案内人」が全国にたくさんいることで、いつでもどこでも誰でも、何か地域で挑戦してみたい！と思った時に、その土地に最も詳しい「コーディネーター」にアクセスが可能となっている。チャレコミでは、同じ志を持って日本各地で活動をするコーディネーター同士が日々、情報交換をし、一緒に協働プロジェクトを仕掛けることで、日本各地で挑戦できる人を増やし、あらゆる地域で新しいコトが起こることを目指している。

図表2-1　チャレンジ・コミュニティ・プロジェクト概要

チャレンジ・コミュニティ・プロジェクト会員団体

全国38地域でパートナーが活動。大学104、自治体50、金融機関29の各地のステークホルダーと連携しながら事業を実施しています

北海道・札幌市｜NPO法人北海道エンブリッジ
青森県・青森市｜NPO法人プラットフォームあおもり
青森県・八戸市｜株式会社バリューシフト
岩手県・盛岡市/大船渡市｜NPO法人wiz
岩手県・釜石市｜株式会社パソナ東北創生
秋田県・秋田市｜株式会社あきた総研
秋田県・羽後町｜NPO法人みらいの学校
山形県・山形市/鶴岡市｜サクラマスプロジェクト（株式会社キャリアクリエイト、合同会社work life shift）
宮城県・仙台市｜一般社団法人ワカツク
宮城県・石巻市｜一般社団法人フィッシャーマン・ジャパン
宮城県・気仙沼市｜合同会社colere
宮城県・南三陸町｜株式会社ESCCA
福島県・葛尾村｜一般社団法人葛力創造舎
福島県・いわき市｜NPO法人TATAKIAGE Japan
福島県・郡山市｜NPO法人コースター
富山県・富山市｜合同会社ハピオブ
石川県・七尾市｜株式会社御祓川
石川県・金沢市｜株式会社ガクトラボ
福井県・福井市｜株式会社akeru
茨城県・日立市｜株式会社えぽっく
栃木県・宇都宮市｜NPO法人とちぎユースサポーターズネットワーク
群馬県・桐生市｜一般社団法人KiKi
東京都・渋谷区｜NPO法人ETIC.
愛知県・名古屋市｜NPO法人アスクネット
岐阜県・岐阜市｜NPO法人G-net
三重県・四日市市｜一般社団法人わくわくスイッチ
大阪府・大阪市｜NPO法人JAE
兵庫県・淡路市｜淡路ラボ（株式会社次世代共創企画）
和歌山県・田辺市｜株式会社TODAY
岡山県・岡山市｜NPOエリアイノベーション
岡山県・西粟倉村｜エーゼロ株式会社
鳥取県・鳥取市｜NPO法人学生人材バンク
島根県・雲南市｜一般社団法人Umi
熊本県・熊本市｜一般社団法人フミダス
熊本県・球磨郡五木村｜株式会社日添
大分県・竹田市｜まちづくりたけた株式会社／竹田市役所／一般社団法人竹田市移住定住支援センター
宮崎県・宮崎市｜宮崎大学 産学・地域連携センターCapa+（キャパタス）
鹿児島・鹿児島市｜株式会社マチトビラ
鹿児島市｜一般社団法人鹿児島天文館総合研究所Ten-Lab
鹿児島県・奄美大島龍郷町｜一般社団法人 E'more秋名

チャレンジ・コミュニティ・プロジェクト　https://www.challenge-community.jp/

2　学生・企業 Win-Win なプログラム例

コーディネーターは、企業と学生をマッチングし、途中の状況に応じた助言や学生に対する研修やフォロー、個別支援、あるいは企業に対してアドバイスやプログラムの微調整などを実施する。そのことによって、企業と学生が直接行う場合では困難な実践的な内容のインターンシッププログラムを作りだすことができている。マッチしたらあとは企業と学生それぞれの責任で実施するのではない点に違いがある。結果、企業にとっても採用が主目的ではなく、企業の事業価値創造が実現し（企業の新規事業や、経営課題の実現、今までやりたいと思っていたけどできなかったことなど）、学生にとっても実践的な経験が得られ、教育効果が高く、双方に有益な Win-Win なプログラムが実現できる。

岐阜県の、有限会社大橋量器は、二〇〇八年に長期実践型インターンシップを行い、三〇名弱が長期実践型インターンシップに参加した。

現在の社長は事業継承者であったが、当時は社内でも高齢化が進み、企業を取り巻く環境は厳しく、枡の業界が縮小傾向にある状況の中で、このまま既存の商品を製造していたら、事業は右肩下がりになる一方である状況にあった。

同社では、製造以外の営業や新規事業企画は社長が担っていた。新規事業の推進に向けて、インターンシップ生と一緒に、社長の想いを実現する事業として、新規事業に向けた営業、イベントの企画、新商品の開発などのいろいろなプロジェクトを実施した。コーディネーターが伴走支援し、経営者と学生の二人三脚でいろいろな挑戦を行った。

初めて新卒社員を採用した二〇一三年には、同社のインターンシップ経験者ではないが、他企業に対する長期実践型インターンシップの参加学生が入社した。その後も、当該様子が記事になり、その様子を見て、関心を有する多くの学生が入社を希望し、採用するように変化していった。

例えば岐阜県大垣市の大橋量器は、一〇数年前から長期実践型インターンシップに取り組んでいる。当初は成果がすぐには出なかったが、様々な学生といろいろな挑戦を続けてきた。その中で、社長が実現した新規事業へコーディネーターと大学生が二人三脚で行うことによって、様々な成果を生み出してきた。そして、インターンシップにとどまらず、近年は、社会人の兼業・副業人材との連携や、新卒採用による人材確保と、採用した人材が活躍することを通じて、企業変革が進んでいる。

大橋量器のインターンシップに関する説明動画　https://youtu.be/rhfPgrK_cFY

図表２－２　有限会社大橋量器

衰退する伝統の「枡」業界に果敢に挑む。伝統文化の海外展開に挑み、粋でかっこいいブランドを生み出せ

有限会社　大橋量器

「枡」の技術を全国に、そして世界へー
チャレンジを続ける大橋量器の企画営業プロジェクトチームメンバーを募集します。

お神酒や節分に使う「枡」は岐阜県大垣市が生産シェア80%で日本一！

その伝統技術を現代に活かす新商品の企画・開発から営業までを担う、「伝統産業の革新」に本気で取り組むプロジェクト。

ハーブ×檜のお風呂グッズ「枡ソルト」、簡単にベーグルが作れる「ベーグル枡」、そして2011グッドデザイン賞を受賞した三角形のおちょこ「すいちょこ」など多彩なアイデアで枡業界を駆け抜ける社長に弟子入りしてみませんか？

大手百貨店や有名セレクトショップバイヤーとの商談などインターン生が担う仕事の大きさは受入企業随一。「枡」の可能性を広げるためにやりたいことがたくさんあるから、その実現に力を貸してほしい、大橋量器の思いに共感し、ともに走り抜けてくれるインターン生を待っています。

経営者メッセージ

▼代表の考えるビジョンとは？

大垣は日本の枡の80%を生産しています。その「大垣の枡」ブランドを全国に知ってほしい。そのために、現代に合う「枡」の使い方を提案しています。大橋量器は、お客様の要望に決してNOと言いません。枡で出来なさそうなことにも挑戦し続けます。エキサイティングでカッコいい「枡」というブランドを育てていきたいと考えています。海外の一流ブランドの店で「枡」がディスプレイされる日がやってくることは間違いありません！

▼学生へのメッセージ

何かしら「やりたいこと」を、せっかくみなさんが持っているのなら、その熱い気持ちをぶつけてみてはいかがでしょうか？その熱い気持ちには、浮き沈みがあるので、「今しかない」とすぐに行動に移すかどうかがとても重要です。全力を出し切ってみましょう！

経営者プロフィール　■役職：大橋　博行
■プロフィール：大学を出て日本IBMに勤めていたが、結婚を機に93年に家業の大橋量器に入社。実店舗の立ち上げや新商品企画など積極的に展開し、メディアでも多数取り上げられる。奥様とはテニスを通じて知り合い結婚。趣味はスキー。

ココがスゴイ！

「ニューヨーク国際ギフトフェアに出展」

アメリカ・ニューヨークで開催される【ニューヨーク国際ギフトフェア】に毎年出展。アメリカを中心に世界50か国以上、約2800社が出展。4日間で3万人を超える来場者がある大きなイベントです。実はこのイベントの準備を支えているのもインターン生！メイドイン大垣の誇りと共に、新しい枡技術を使った商品を世界に発信する機会を担っています。

「メディア掲載・出演多数！」

新聞、テレビ、雑誌などメディアに数多く掲載されています。2012年秋には内閣府・政府海外広報電子書籍【Highlighting JAPAN】に掲載。日本を代表する商品として空港などに設置される媒体での紹介も行われています。厳しい業界で挑戦を続けているからこそ、大橋量器の「枡」が注目されているのです。

「枡づくり体験教室で枡をもっと身近に」

外への発信を精力的にする一方で、大橋量器では、枡を手に取って「身近な生活のツールとして使ってもらう」機会の提供も大切にしています。工場敷地内に併設された枡専門ショップ「枡工房ますや」、工場での枡づくり体験教室が大垣の観光スポットとして人気を集めています。インターン生も枡づくり教室のインストラクターとして大活躍

企業概要
■事業内容：木製枡（ます）、計量器の製造・販売、木製食器、木の器の製造・販売
■従業員数：14名　■資本金　300万円　■売上　約1億円
■WEBサイト：http://www.masukoubou.jp/

有限会社　大橋量器

企業の目指す方向性（募集要項）	**「1300年の枡文化の変革に挑む！」** 全国シェア80%を誇る岐阜の伝統産業「枡」。 生活スタイルの変化から需要低迷に衰退の一途をたどる枡業界に挑み続ける大橋量器。 枡技術を活かした新たな商品開発、新たな市場開発に取り組む仲間を待っています。 ▼伝統の枡から、洗練されたカッコいいブランドとしての枡へ お神酒や豆まきで目にする「枡」。かつて「一合」をはかる計量器として、どの家庭にもあった枡ですが、生活スタイルの変化に伴いその姿を見ることはすっかりなくなってしまいました。そんな昔ながらの伝統のイメージではなく、洗練されたカッコいい商品としての「枡」を発信したい。 **2011年グッドデザイン賞を受賞した「すいちょこ」** **海外からの注文も殺到する、電気を使わないエコ加湿器「マスト」** **結婚式を盛り上げる「席札枡」「枡フラワー」** 「祝」「和」「香」枡の持つイメージを活用し、現代にライフスタイルに合った商品を提案し続けます。 ▼「枡」の可能性を広げる。海外からも注目される存在を目指す！ ニューヨークギフトショーへの出展を皮切りに、大橋量器はより世界視野での商品作りを仕掛けていきます。「1300年の歴史を残すのではなく、これからの時代に枡の新しい文化を創る。」そういう姿勢を大切にしています。
期待する成果	・既存の新分野製品の広報・提案活動によって、少しでも多くの方々に「枡」文化を届ける。 ・「大垣の枡」を世界に認知される商品として発信し、モデル事例を生み出す。 ・経営者の右腕として営業チームを立ち上げ、マネジメントしていく。
プロジェクトステップ（仕事内容）	「大垣の枡」を全国に！ 世界に広げるための試行錯誤を営業幹部として取り組んでいただきます。 【海外からの注文対応、海外ギフトショーへの出展準備】 海外からの注文が増えている中で、ビジネスとしての取引などもインターン生にお任せします。 また、より多くの人の届けていくためのニューヨークギフトショーへの準備など、貿易、海外企業の対応などインターン生次第で多くの仕事をお任せします。 【「枡」製造技術を使った新商品、新用途の開発、ならびにお客様への提案】 「枡」を製造する伝統技術を使って、現代に合った新商品を企画・開発にも挑戦できるチャンスがあります。企業様からの問い合わせに対しては基本的にNOと言わない大橋量器では。顧客の要望に合わせた商品作りをしていきます。デザイナーとのコラボなど、あなたが担当となって進めるプロジェクトも出てきます。バイヤーとの商談など、大きな経験がやれる可能性も非常に大きいです。 【全国の百貨店などの催事出展】 枡を広めるため、東京・大阪など各地での催事出展業務。大手デパートでの売り場づくり、百貨店との交渉、準備。ディスプレイ作り、全てをひとりで任されることもあります。
得られる経験	・企画提案力／タイムマネジメント ・伝統産業の変革現場について知る ・新製品、新用途の開発経験 ・海外とのビジネス経験
対象となる人	・伝統産業の変革に興味を持っている人 ・枠にとらわれない発想ができる人 ・英語力がある人歓迎！海外とのビジネスに挑戦したい人 ・ホンキで半年間を過ごしたいと強く思っている人
事前課題	コーディネーターにご相談ください。
期間	6ヶ月（応相談）～随時スタート可。期間は応相談。
基本勤務時間	休暇中：　週5日以上（40時間/週）　※土日についても相談可能 学期中：　週3日以上（24時間以上/週）　※土日についても相談可能 基本勤務時間＝8:00～18:00
勤務地	岐阜県大垣市西外側町2丁目8番地 【最寄駅】JR東海道本線「大垣駅（名駅から約30分）」から徒歩15分
活動支援金	あり（5万円）+交通費実費

別の事例では、愛知県の船橋株式会社は、これまでに二〇一四年に長期実践型インターンシップを始めて行い、二〇名弱の長期実践型インターンシップの受け入れを実施してきた。業歴が一〇〇年に近い老舗企業で、レインコートを中心とした製造業である。

インターンシップを実施する前は定期的に新卒社員をとることもなく、高齢化が進んでいたが、経営者が実施したい新規事業や、社会課題解決に向けた取り組みに対して、インターンシップ生と二人三脚で様々な挑戦を行ってきた（第三章1参照）。

・クラウドファンディングを活用した新規事業への挑戦
・新規事業に関連した助成金の申請
・市場調査・商品開発
・広報・マーケティング

近年は大学生のインターンシップに加えて、社会人のプロボノ（無償のボランティア）＝社会人インターンシップや、兼業副業人材と新たなプロジェクトを実施し、様々な挑戦を繰り広げている。

結果、新卒採用マーケットでも知名度があがり、募集すると新卒社員の応募が実現し、定期的に新卒社員の入社につなげることができている。

株式会社船橋の取り組み事例　https://2784.co.jp/company/

図表2－3　船橋株式会社

雨☂の日の危険から守る！世界一"安全で"カワイイ♡ レインコートを園児10,000人に届けるプロジェクト

対象/期間	☑大学生　□留学生(語学力有り)　□留学生(語学力無し)　□社会人　□プロボノ
	☑6ヶ月以上　□3ヶ月程度(クオーター制大学対応)

毎年2万6千人の小学生が交通事故に巻き込まれていることを知っていますか？
交通安全イベントを通して子ども達に安全でカワイイレインコートを届ける新しい形のビジネスモデル。これをさらに進化させていくインターン生を募集！

創業以来95年「人や大切な商品を雨や水から守る」仕事を続けている船橋株式会社。前回のインターン生が安全でかわいいレインコートを開発し、今回のインターン生がビジネスモデルの基礎を作り上げる。

我々はどうしたら子どもたちを交通事故から守れるのか、どうしたら子どもたちに安全でかわいいレインコートを着てもらうことができるのかを考え続けてきました。そして導いたことは地域の企業と学生が主体となった交通イベントを開催し「知る、体験する、学ぶ」ことで「目立つ色、反射材」を身につけることが大切なことだとしってもらい、地域企業が子どもたちに安全でかわいいレインコートを購入してもらい配布してもらうビジネスモデルを作ることができました。

今後は企業・商品価値を高めることで行政・大手企業とも連携したイベント開催、大手運送会社様とさらに安全なレインコートの開発をすることでビジネスとして結果を出していくことを目的にしていきます。

スケールの大きな仕事に一緒に取り組んで行こう！

経営者メッセージ

会社のビジョン・想い

【最終ゴールは世界の子供達を交通事故から救うこと！】
東南アジアは雨季もあり、交通量もハンパ無く多い。
むろん交通ルールも守られておらず、事故統計さえもない。
そんなアジアの子供達をレインコートで事故から守っていきたい！

学生へのメッセージ

失敗は怖い。挫折や苦痛、困難も怖い。
でも最も怖いのは後悔するってこと分かっているよね。
これ以上、後悔したくない。
後悔しないために、勇気を出せる人。
子供達をレインコートで守るプロジェクトに、一緒に挑戦しませんか！？

■代表取締役社長：船橋 昭彦
■プロフィール：1967年生まれ。2003年に社長就任。3代目。
好きな言葉：『感謝に眠り、希望に目覚め、努力に生きる』

団体紹介　ココがスゴイ！

大企業をも熱意で引き込む！夢を語らせたら止まらない社長がいる！

特徴①：消防団員レインウェア、業界シェアNO.1!
事業内容　皆さんが良く見る消防団員が来ているオレンジのレインウェアは船橋が圧倒的なシェアを獲得している代表的な商品。
他の人が参入しない領域で確実にNO.1を獲る！どんな規模でもそこでNO.1になったら、その市場ではプロフェッショナル。
自慢できるモノづくりの企業でありたい。

特徴②：地域社会への貢献
事業内容、"働くことを通じて、人と人とが結びきを強くする"
そんな思いで年齢や障害がハードルになっている人たちを積極的に雇用する。「人々に感謝され、必要とされ、実際に価値を生み出し、貢献感を感じる。」こんな職場を目指しています。

船橋株式会社

プロジェクトステップ（仕事内容）	**「子ども達の未来を守りたい」 老舗カッパ屋が安全性を担保したキッズレインの付加価値向上へ挑む！** **【STEP1（1カ月～2カ月）】 ★キッズデザイン賞への応募準備・「脱ワースト1」愛知県大手企業20社へコラボ提案へ ★ドライバー目線を取り入れた安全服開発のため大学連携** －まずはこのプロジェクトが生まれた背景、想いを学ぶ －自社開発したキッズレインコートやこのプロジェクト自体の価値や認知度を高め、共感する人を増やすための新たな仕掛けとして「キッズデザイン賞」受賞を目指す（応募資料の作成に挑戦！） －このプロジェクトの想いを届ける語り手として各関係機関へのプレゼンをしたり、共に新たな安全服を開発するために大学教授を巻き込み、打合せや計画を進めていく  **【STEP2（3カ月～4カ月）】 ★キッズデザイン賞への応募申請 ★春の交通安全週間「脱ワースト1」イベントを1カ所開催 ★共同研究開発をスタートさせる** －STEP1で土台を固め、いよいよキッズデザイン賞への申請へ －さらに「脱ワースト1」に参画している大手企業へのプレゼン・提案を経て、共感してくれた企業とのコラボイベントを企画・実施 －大学教授と議論しながら、共同開発のスケジュールやゴールを整理し、安全服を製作するための企画やデザインを検討していく KIDS DESIGN AWARD 2017 ※計画通りにいかないことも多々ありますが、目的を忘れず、社長や社員と一緒に突破していきましょう！ **【STEP3（5カ月～6カ月）】 ★秋の交通安全週間「脱ワースト1」イベントの企画準備 ★共同研究開発の現状、課題、対策を次期インターンへの引き継ぎ** －春に開催したコラボイベントを参考にしながら、このプロジェクトの想いをたくさんの企業や地域の人、母親世代の人に届けるイベントを引き続き検証しながら実施 ＞大事なことはイベント開催することではなく「レインコートが光ることで、守れる子ども達がたくさんいる」ことを世の中の人に知ってもらい、視認性の高いキッズレインが世の中のスタンダードに一歩でも近づくこと！ －共同開発のスタートアップ期間として、商品化に必要な情報収集や研究結果をまとめる ＞次期インターン生に引き継ぐための資料づくり、課題の洗い出しを丁寧に行う
期待する成果	・キッズデザイン賞最優秀賞獲得。9～10月授賞式参加。 ・愛知県内での大型交通安全イベントで3,000着購入決める。 ・共同研究商品の開発の道筋をつける。
得られる経験	・プロジェクトの背景、想いを理解してもらえるプレゼンスキルの習得。 ・大企業、大学教授とコミュニケーションを取ることで社会人の考察力が身につく。 ・社会課題を解決する新たなビジネスモデルを学ぶ。
対象となる人	【こんな方と一緒に取り組みたい！】 ・困難なことにも楽しんで取り組む情熱があってやりきる人。 ・子どもや世の中の人の役に立つことに喜びを感じ感謝の気持ちを伝えることができる人。 ・努力、学習することを惜しまない人。
事前課題	・AICHI脱ワースト1について調べ、自分が考えたイベント案をプレゼンして下さい。
期間	2018年春(2～3月)頃～6ヶ月間
基本実習時間の目安	休暇中： 週5日（40時間/週） 学期中： 週3日以上（24時間/週） ★県外への出張に行く機会があるので、終日空けられると尚良いです
企業概要	・事業内容： レインウェア、業務用防水エプロンの製造・卸売 ・従業員数： 30名 ・資本金 ： 3,000万円 ・WEBサイト：http://www.2784.co.jp ・就業時間：8:45～17:30 （途中1時間の休憩）
研修場所	【研修場所】本社：名古屋市中村区名駅五丁目23番8号 【最寄駅】JR、名鉄名古屋駅(徒歩15分)
活動支援金	☑【大学生】5万円＋交通費(上限20,000円)
	□【社会人】－ （インターン or 兼業 の場合。ご相談ください。）
	船橋株式会社

Column 7

「地域の人事部」構想

チャレンジ・コミュニティ・プロジェクト所属団体に加えて、地域企業、大学などの教育機関、地域企業を支援する金融機関、行政など、組織の枠を超えてつながり、一緒になって一つのコミュニティとして、若者のキャリア形成支援などを行う「地域の人事部」構想が展開されている。

G-net では、インターンシップや大学との連携によるキャリア支援に加えて、地域中小企業の支援を行っている。ミギウデ事業によって、経営革新に向けた採用支援や採用後の人材育成や組織改革のサポートなどを行ってきた。実践の中で、地域で働くためには、単独企業のみならず、同様の地域でのネットワークを構築した合同の社員研修や、情報交換の機会などを通したネットワークの構築などの需要があることがわかってきた。政策的な後押しもあり、地域で一体となり、コミュニティ内で連携し、共創することにより、地域内の企業の競争力を高め、地域での人材が定着し、地域活性化に寄与する取り組みが盛んになっている。

また、東海ヒトシゴト図鑑（Column 9 参照）では、地域で活躍する人や、魅力的な企業や仕事についての情報をまとめたＨＰを作成し、関心がある方へ向けた情報発信を行っている。

図表２-４　コーディネーターの役割

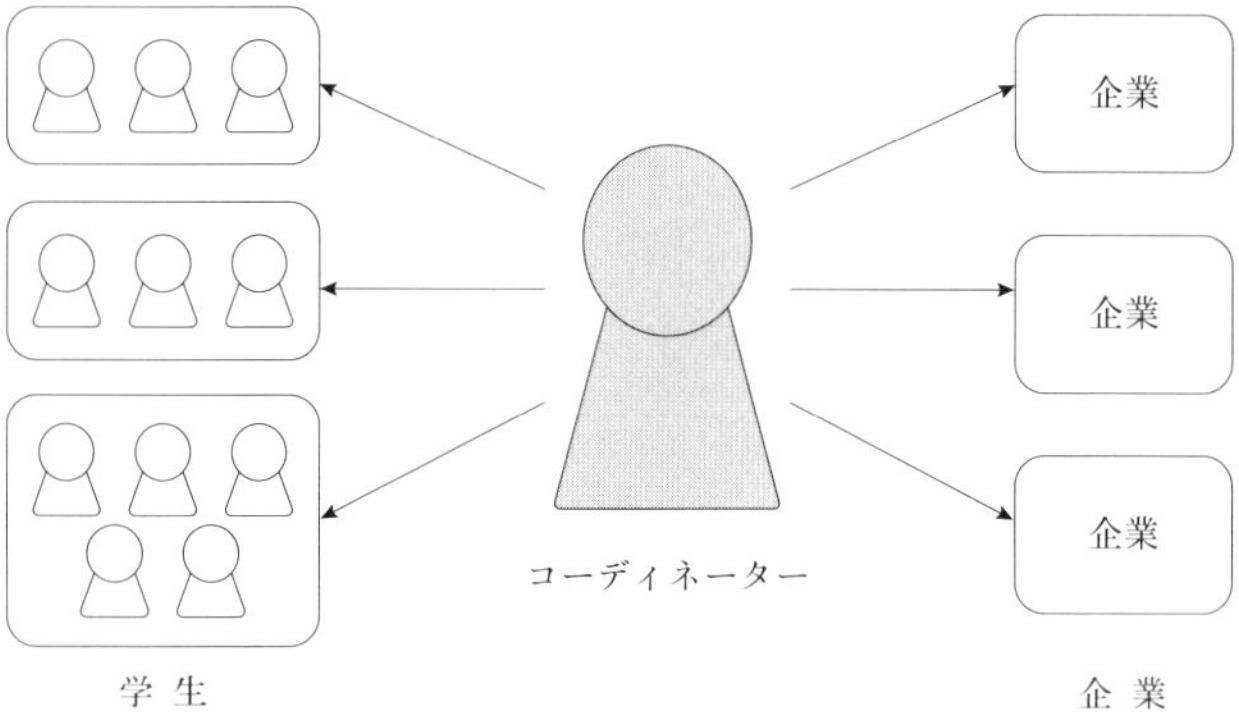

企業と学生双方のニーズ・実態を把握し，マッチングをする

	事 前	インターンシップ中	事 後
対学生	募集・面接 研修（目標） マッチング	伴走支援 フォロー 助言	発表会 振り返り 今後の目標
対企業	募集・面接 プロジェクト設計 マッチング	伴走支援 意見交換 内容の微修正	発表会 振り返り 次回への改善

（出所）野村・今永（2021）

コーディネーターの役割

コーディネーターは学生に対しては、インターンシップの募集・説明会、個別説明を行う。学生との個別面談によって、事前に学生にとってどのインターンシッププログラムが有益かなどの相談相手になる。さらに、事前の研修や開始時のフォロー、定期的な面談やフォロー研修の実施、さらには終了後にも振り返りと今後に向けた目標設定や、場合によっては次のインターンシップの紹

図表2-5　長期実践型インターンシップの効果

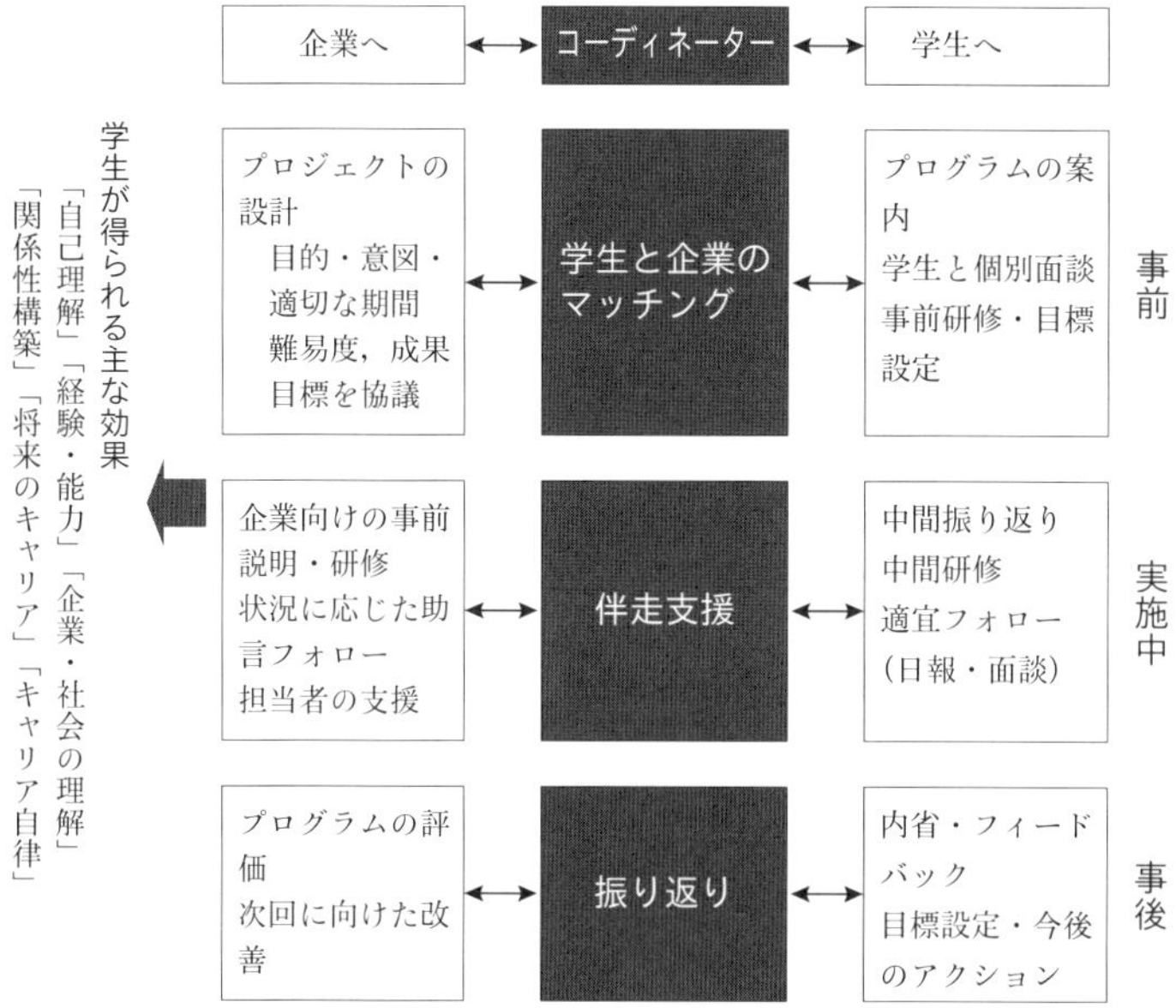

介など学生の状況にあわせて継続的なフォローを行う。

企業に対しては、事前に企業の状況を踏まえたプロジェクトの設計支援を行い、学生の募集・面談などのサポート、開始時、開始後の学生の状況を踏まえたフォロー、三者面談の実施、さらには終了後の発表会の設定や、次回以降に向けた対話の機会など、伴走支援を実施する。

長期実践型インターンシップを一〇年以上実践するコーディネーターに対してインタビュー調査を行い、特徴をまとめた（図表2-5参照）。

Column 8

地域へのインターンシップ「能登留学」

地域でのインターンシップには大きく二種類ある。一つは地域の企業、例えば伝統産業や観光事業者、長い歴史を持ちその地の盟主である企業へ飛び込みビジネス的な経験をするもの。もう一つは集落に入り込み、地域おこし協力隊のような立ち位置でそのエリア全体を盛り上げていくものである。企業と集落で様々な違いはあるが、共通するのは活動の土台に地域課題や遠方からの人々を惹きつける魅力が存在する。そして、地域が抱えるそれらの魅力や課題には、人々の生活習慣、都市環境、文化などが結びついている。

旅でもフィールドワークでもない、長期滞在型のインターンシップとして一定期間、擬似的にその地の住民となる。可能であれば、一つ二つ季節を感じられるくらいの期間が望ましい。一段階深い視点から地域を見つめることができる。企業課題と地域課題がなぜ結びついているのか、地域が解決したい課題は本当にあるのか、「人が素敵」や「景観が良い」など全国横並びの魅力ではない魅力がこの地にはあるのか、そういったモヤモヤを言語化するプロセスでは、「暮らした経験」が大きな武器となる。五感と時間を費やして得た情報こそ、地域課題の本質的な解決につながり、インターンシップを通じた自己成長のきっかけとなる。

石川県能登半島では、二〇一〇年から「能登留学」を実施している。能登を舞台とした長期滞在型のインターンシップで、いわゆる農村体験ではない、地域課題をテーマとしながらもビジネス的な経験が得られるプログラムが設計されている。二〇二二年度までで、春夏休みの一か月間

インターンシップ生による外国人ツアー客に対する特産品紹介

インターンシップ生の活動成果発表会

を活用した短期プログラムでは一〇六名、三か月以上の長期プログラムでは一一三名が参加している。受入先を見ると、企業が三五社、集落が八エリア、まちづくり系プロジェクトが九つである。

企業や集落にとっても、長期的に学生が関わるメリットは大きい。日常的に大学生と接する機会が少ない地域の方々にとってのインパクトは計り知れず大きい。プロジェクトの目標を達成するだけではなく、長期的な組織への若者参画が「漢方薬」的な影響を与え、時には痛みを伴い、組織が変化する。

暮らしてみないとわからないことはたくさんある。田舎でもビジネススキルを磨けること、なんでも揃う都会の良さ、観光客が行く派手な店と地元の方々が通い詰める渋い店は違うこと、一年間ずっと祭のために生きる人々のとてもかっこいい姿などが挙げられる。

能登留学のような長期滞在型の地域インターンの価値は、これから改めて見直されるのではないかと考える。ぜひ見知らぬ土地のプロジェクトへ飛び込み、地元以外で「帰ってきたい」と思える場所に出会ってほしい。

※編集部注　「能登留学」および、当該地域での取り組みは、「令和六年能登半島地震」による影響があります。復興支援インターンシップなども含め、株式会社御祓川ＨＰ（二〇一頁参照）などで状況を確認してください。

Column 9

「東海ヒトシゴト図鑑」

挑戦するヒト・挑戦する企業・挑戦したくなるプロジェクトを紹介し、地域に関心がある若者と地域との接点を創出する。

地域中小企業経営者とのフィールドワーク

「面白い地域の魅力的な企業」や「一緒に働きたいと思える人」を探しても見つからない。このような課題を解決するために東海ヒトシゴト図鑑は、知名度や企業ブランド、売上規模や従業員数ではなく、挑戦したくなる仕事、安心して働ける柔軟な組織、成長を実感できる環境、そして何より応援したくなる人や企業を紹介するＷｅｂサイトである。

東海ヒトシゴト図鑑は大学や教員との連携授業も実施している。岐阜大学社会システム経営学環との連携授業では、二〇二三年四月より約四か月間を通して行われた。一年生三一名が、地元企業一六社を訪問。東海圏の中小企業を取材し、記事作成を行った。学生たちからは「中小企業は規模が小さく、限られた仕事だけを行っているイメージだった。訪問を通し、大企業にも勝る技術力を生かして、グローバルも視野に入れた挑戦を行っていることを知り、すごく魅力的だった」。と取材先企業の商品を購入した学生もいた。授業を通して、企業に対して取材を行う方法やコツ、記事を書くライティングスキルを身に着け、経営者を含めた様々な大人と関わりを持つ学生たちの姿が印象的であった。

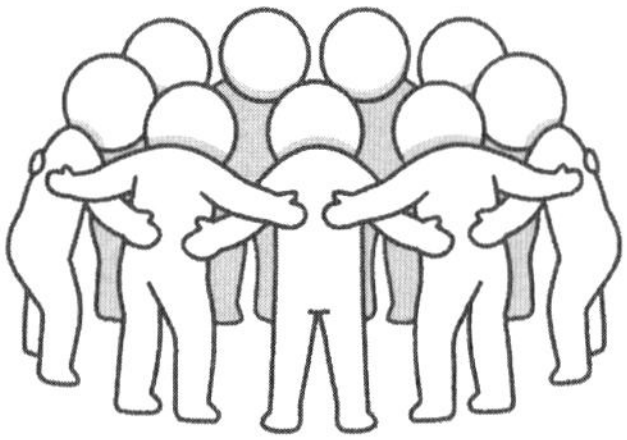

3　経験者アンケートからみた特徴

長期実践型インターンシップ経験の社会人ＯＢに対する追跡調査を行った。全て一か月以上の長期間のインターンシップ経験者であり、大半が六か月以上である。また、平均年齢は二九歳であった。質問内容は、参加動機、プログラムの内容、インターンシップの満足度、学生生活への変化、就職活動への影響、入社三年目までにインターンシップが与えた影響、現在までにインターンシップが与えた影響について調査した。

参加動機は、「何かに挑戦したいと思ったから」が一番多く、次に「成長につながる機会だと思ったから」が多かった。多くの学生が「成長」「挑戦」を求めて長期実践型インターンシップに参加していることがわかる。

プログラムの内容は、社内のプロジェクト、新規事業の企画、業務の補助、学生の専用プロジェクトなどが上位であった。長期間で実践的な内容であることから、会社説明や業務の見学は少なく、アルバイトとは異なる実践的な内容がプロジェクトとして構築されることに特徴がある。社長の特命事項や、社内の経営改革に関与するケースなどがあることが特徴である。

長期実践型インターンシップの効果は、ベテランコーディネーターへのインタビュー調査から、次の六つに集約される。

図表2－6　経験者へのアンケート結果

期　間	1か月から3か月	3か月から6か月	6か月以上	
	7	17	59	
	8.40%	20.50%	71.10%	
年　齢	25歳以下	26歳-30歳	31歳-35歳	36歳以上
	17	42	18	6
	20.50%	50.60%	21.70%	7.20%
性　別	男性	女性		
	33	50		
	39.80%	60.20%		
参加動機（一番近いものを選択）	成長につながる機会だと思ったから	何かに挑戦したいと思ったから	自分の可能性を知りたい	将来の目標に向かって
	20	24	7	4
	24.10%	28.90%	8.40%	4.80%
将来の備え	地域や企業に興味がある	就職対策	起業に向けて	その他
4	8	6	2	8
4.80%	9.60%	7.20%	2.40%	9.60%
プログラムの内容（複数選択）	会社説明	業務見学	アルバイトのような内容	業務の補助
	4	9	6	25
	4.80%	10.80%	7.20%	30.10%
学生専用プロジェクト	社内のプロジェクト	新規事業の企画	社長の特命事項	社内の経営改革に関与
24	41	35	20	10
28.90%	49.40%	42.20%	24.10%	12.00%

満足度	学生生活への変化	就職活動への影響	3年目までの影響	現在の影響
4.45	4.37	4.41	4.01	4.18

① 自己理解
② 経験・能力
③ 企業・社会の理解
④ 関係性構築
⑤ 将来のキャリア
⑥ キャリア自律

学生に対するアンケート調査の自由記載欄の内容を上記の六つの観点でまとめ、長期実践型インターンシップの参加による六つの効果の詳細を説明する。その上で、インターンシップ後の調査として、追跡調査対象者が、過去を振り返って、三つの影響について自由記載で回答を行った。

⑦ 学生生活に対する影響
⑧ 就職活動への影響
⑨ 入社後から入社してから三年程度の影響

①から⑨について、OB・OG学生の声を「　」内で示している。長期実践型インターンシップの効果や、その後の影響について、イメージを明確にすることができるであろう。

①「自己理解」が深まる

長期実践型インターンシップでは、一日や二日ではなく、三か月以上の期間、実践的なインターンシップに参加する。参加前には、企業と面談がある場合が多いが、その前にコーディネーターと事前に何度か面談を行う。自己分析を行い、自分にとって、どんなインターンシップ先に参加すると良いか？　どんなプロジェクトを考えると良いか？　学生とコーディネーターが一緒に考える。

「インターンシップを経験することで自己理解が高まる」。

「自分がどんなことが得意、不得意なのかとか理解できた」。

「インターンシップ中、直後は自分自身や就職について考える機会が多かった」。

「インターンシップの経験を経て、自己理解が深まり現在の業種を選ぶことができた」。

インターンシップを通して、自分自身のことを考え、得意・不得意なことがわかり、将来の働くイメージにもつながり、就職先のイメージが明確になり、有益な職業選択につながる可能性を示している。また、インターンシップをなるべく早い段階（一年生や二年生のとき）に経験することによって、残りの大学生活を充実させることや、その後の大学生活で目標を掲げて行動できる。

「大学生の早い段階の経験が非常に良かった。自身の現在地を知る貴重な経験ができた」。

②「経験・能力」が身につく

長期実践型インターンシップでは、様々なプロジェクトが存在する。企業の業種や受入企業によって、異なる可能性もある。共通した経験が得られ、一つの企業でしか活かせない「特定企業のノウハウ」ではなくて、「汎用的能力」としてこれから社会に出てから活用できる能力が得られる。

「全てのことの、考える基盤を作ってくれた」。

「最後まで諦めずに頑張る、忍耐力は身についた」。

「仕事に対する姿勢や礼儀など、とても勉強になった。なにもできないと思っていた自分にもこんなことができるんだという自信がついた」。


社会人の基礎となる「仕事への取り組み姿勢」が身につく。また、地域の中小企業やベンチャー企業は、長期実践型インターンシップの受け入れそのものの挑戦であり、学生と企業の経営者や受入担当者が一緒になり、新規事業や組織変革などを行うことで、アントレプレナーシップ（起業家精神）が身につく。

「仕事をする上でのスタンスとしてのアントレプレナーシップはインターンシップ時代に養われていて、今も自分の軸の一つになっている」。

「交渉、企画力、プロジェクトの進行管理など幅広いスキルを短期間で得ることができた」。

③「社会・企業理解」が深まる

インターンシップを通して、大学内の座学では学べない実践的なスキルが身につく。特に長期実践型インターンシップでは、企業の中で実践的な経験を通して、ビジネススキルやコミュニケーション能力、企業の理解が深まる。

「企業の中で働くイメージや、事業を実践する上での苦悩を体験することができた」。

「学生の間に社会人のリアルな仕事を見て経験することで社会の現実が少しわかるし、挑戦することは楽しいと思えるようになった。挑戦したら自分にも可能性がたくさんあるということを知ることができた。自分の常識に固執せずにいろいろな人の考えを受け入れることで視野も広がった」。

また、地域の中小企業で社長と二人三脚でプロジェクトに参画することもある。

「社長の右腕として会社経営のすべてを学べた。（ヒト・モノ・カネ）自分の成長を考えて長期インターンシップに挑んだが半年経つ頃には、どう企業が成長できるかの目線に代わり半年後に入ってくる人材の獲得から育成まで学べた」。

大企業では全体像を見ることは困難であるが、中小企業でのインターンシップの特徴としては、企業の全体像、経営者の意思決定プロセスに触れることができる。経営者と一緒に活動することができれば、企業全体についてのイメージが明確になる。

④「関係性構築」ができる

長期実践型インターンシップに参加した学生は、単に長い期間企業で勤務するのみならず、同じ期間に他のインターンシップに参加する学生や、同時期に同じ受入企業に参加する学生との接点、コーディネーターとの関係性がある。

「インターンシップをしていた同世代の横のつながりの機会が多かった。悩むことがあっても乗り越えられた。孤独ではなかった」。

大学の内部にいて、閉鎖された状況の中で、同じような人間関係となっている人も多いことが想定されるが、インターンシップを通じて、タテヨコナナメの関係性が構築される。

「とにかく学生生活では出会わない社会人に出会って対話できた機会が多く、現在にも続くような関係性の基礎を構築できた」。

「大学内の限られた対人関係から、他大学の学生や社会人など、広い世の中に目を向ける意識が大学の早い内から身についた」。

⑤「将来のキャリア」

個人にとっては、自分自身の将来について、参加前に比べて明確になることが期待される。多くの人にとっては、参加前には気づいていなかったが、自分の将来の選択肢が見つかる場合などの効果が得られる。特に「視野の広がり」や「新たな発見」が得られる。

「自分の可能性を広げられた。魅力的な社会人の先輩から刺激をたくさんいただいたこと、起業もひとつのキャリアであるという気づきを得られた」。

「様々な人との出会いにより影響をうけ、キャリア捉え方や解像度がクリアになっていく」。

「インターンシップで得た知見や経験がその後の働き方や考え方の基盤になっている」。

「世の中にはいろいろな考えの人や多様なキャリアを歩んでいる人がいると知ることができ、どの道にも正解はなく自分らしい選択をしていきたいと考えられたこと。自分が成長したら、そのきっかけをつくり、サポートする人になりたいと思った」。

将来のキャリアを考えるにあたって、インターンシップの機会が大きな転換期になっている人たちが多数存在する。

⑥「キャリア自律」

これからの社会は、会社に入って年功序列で会社がキャリアを形成してくれるのではなく、自分で自分のキャリアを設定し、自分で切り開いていくこと、つまりは「自律的なキャリア形成」が求められる。

「自分でキャリアを切り拓いていく力が身についたと感じる。また、自分自身のキャリアについて深く考えるとともに、自己内省を行うようになったと感じている」。

「思いを持ち行動し続けることで、社会は少しずつでも、身の回りのことをよくしていけると実感できた」。

多くの挑戦者、自律的なキャリア形成を行っている人たちと出会うことによって、自分自身についても考えるとともに、未来への可能性を感じることができる。

「いろいろな方との出会いや自身の経験によって見える世界が広がり、自分の可能性を信じられるようになった。自分の人生を楽しみながら挑戦を続ける大人たちにたくさん出会えた」。

⑦学生生活への影響

長期実践型インターンシップに参加した学生は、その後の学生生活に対しても大きな変化があることを示している。

一点目は、インターンシップを経て、参加前に比べて視野が広がって、行動範囲が広がった。

「会社や社会について、視野が広がった気がします。学生や先生と話す以外にも接点が持てたことは良かった」。

「一つのコミュニティだけに依存するのではなく、たくさんのコミュニティに所属し、交友関係が拡がった」。

二点目は、自己理解が高まるとともに、自分の未来への可能性を信じて挑戦するようになった。

「人生が変わった。自分自身と向き合うことでやりたいことが見え、今のキャリアがある。また、内省する習慣ができたことにより、大概の困難もプラスに捉え、乗り越えられる」。

「インターンシップ前までは、関わりが大学の中のことや、同年代のひとにとどまっていたように思いますが、インターンシップあとにはいろいろな大人のイベントや機会に参加するようになった」。

「自分で思っていたより、自分はもっとやれる」という実感を得ることができたので、新しいチャレンジをすることができたし、自信にもつながった」。

三点目は、インターンシップを経験して成長し、自信をつけることができ、行動が変化した。

「自分次第で何でもできるとわかり、学校内外でプロジェクトを組んで動かした」。

「組織や同僚に貢献するという視点を仕事中に持つという思考の重要性に気づき、以降のゼミ活動ではフォロワーシップを重要視した立ち回りを自身が担うようになった」。

このように、インターンシップの経験を通して、視野の広がりや、自己理解、関係性の構築によって、大学に戻った後の活動に変化が生まれる可能性がある。

大学三年生の就職活動の近くになって、インターンシップに参加する割合が最も多いが、このような影響を考えると、一年生や二年生の段階でインターンシップに参加し、その経験をふまえて大学生活をさらに充実させることも有益である。また、内定取得後の四年生になって、将来を見据えて長期インターンシップに参加する学生も存在する。

⑧就職活動への影響

長期実践型インターンシップに参加することは、就職活動に対しても好影響を与える可能性が高い。必ずしもインターンシップ先への参加動機が、企業への就職と一致しない場合でも、インターンシップ経験が、就職活動に好影響を及ぼすことが考えられる。

一点目は、学生時代に頑張ったこと（ガクチカ）としてPRできる。

「自己PR含め就職活動で困ることがなかった」。

「面接で六か月のインターンシップってなに?と聞かれたりした。社会の経験や、大学ではできないような経験を積んだことにとても評価してもらえた。面接官にとっては他の学生との差を感じてもらえた」。

「面接で話すエピソードに困らなかった。インターンシップから気にかけてくださった方から内定をいただけた」。

二点目は、自己理解が高まり、自己分析に改めて時間をかけず、他の有益な活動に時間を割くことができる。将来働くイメージが明確になる可能性があり、働く軸を考えることができている。

「自分の大切にしたい生き方の軸が定まったのでブレることなく就活ができました」。

「自己分析がしっかりできた。自分の経験を自分の言葉で話すことができた」。

三点目は、就職活動のためのテクニックとして多くの時間を費やすことが多いが、その時間を企業研究などにあてることができ、効率的に就職活動に取り組むことができる。

「インターンシップ前は就活といえば、業界選び、会社選びの印象が強かったが、インターンシップを通して、人生の中に仕事があって切り離せないもの、楽しく仕事をすることが楽しい人生を歩むことだと学んだので、私がどんな人生を歩みたいか、どんな自分でありたいか、を元に就活ができた」。

大学時代に取り組んだこととして、具体的なエピソードをリアルな体験として語れることから、「ガクチカ」として活用できる。ただ、語れる経験があるだけではなくて、「自己理解」が高まることで、就職活動で必要な「自己分析」が深まるとともに、自らの将来のキャリアや、どんな形で社会人生活を送っていきたいかについて解像度が高まることが挙げられる。

長期インターンシップ経験者は、就職活動の際にとにかく企業の面談など数を打って非効率的に行うのではなく、自分自身の将来のイメージを明確に持ちながら、企業の情報収集を行い、自分のキャリアの軸と合致する就職先を探すことができる可能性が高い。

⑨社会人入社三年目への影響

入社後、特に若手の三年目までの効果について調査を行った結果を考察する。インターンシップ先の企業・プロジェクトの内容はバラバラで、就職先も異なるが、その場合でも、実践経験が役に立っている声が多くみられた。つまり、どんな企業や業種に就職した場合にも役立つスキルが身につく。

一点目は、仕事の基礎が身につく。

「仕事の仕方やビジネスコミュニケーションの基礎が身についているので、立ち上がりがはやかった」。

「同期と比較した場合、成果の量が大きい。仕事の生産性が高い」。

「仕事の進め方（効率化、価値を付加する、根回し等）、出来事、物事の本質を捉える重要性を理解した上で万事向き合える」。

「目上の人に対しての意見の伝え方、会社の動かし方について、自分のスキルが高いと思う」。

「上司との円滑なコミュニケーションのおかげで新規事業を任せてもらうことになった」。

二点目は、インターンシップで生まれた関係性が生かされる。

「インターンシップで出会った人脈を活かして仕事をすることがあった」。

「業務の解像度が上がった。他社で働く同期の存在が心強かった」。

三点目は、インターンシップ時代の経験が深く心に刻まれていて、仕事をする上で生きている。

「インターンシップの間に悩んでいたことを思い出して、それについて考える時間が生まれている」。

「辛い時にインターンシップ生として成長のために頑張ったときの心情を思い返して、乗り越えることができた。後輩ができた時に、かけてほしい言葉や何をしたらよいかを自分の経験から考えて働きかけることができた」。

「インターンシップ先に就職したため、特殊だとは思いますが、インターンシップ時代にコーディネーターに相談する習慣があったため、社会人になってからも自分のメンタルやキャリア形成をどのように積み上げていくべきかを随時カウンセリングしていただいていました」。

「自分の弱さをインターンシップでは知ることができたので、それを克服できたと思うし、それを補う、求められる会社に入ったことで能力がついた」。

インターンシップ期間の経験は、学生時代で社会で働く前であり、参加学生にとって印象的で鮮明に覚えていることも多い。そのことと、コーディネーターによる事前・途中・事後のフォローにより、働くことの意味や意義、振り返り・内省をすることについて何度も繰り返し行うことで、社会人になってからも、効果が得られたという意見が複数存在した。

Column10

北海道・天売島のインターンシップ

インターンシップ先を選ぶ時、受入企業の選定と同時に、受入企業が所在する地域を調べることも大切な要素である。北海道羽幌町からフェリーで一時間、沖合に望む天売島《てうりとう》にユニークなインターンシップがある。天売島の人口は二六六人（二〇二一年三月）、島では約二四〇種の野鳥が生息し、なかでもウトウの世界最大の繁殖地として知られ、野鳥の観察に世界中から観光客が訪れる。

プログラムの特徴の一つは、地域特性にある。言わずもがな離島であるが故に、人の流れや物流れ、電気や上下水道など生活インフラがとても身近に感じられる。嵐が来て、波が高くなれば物資が止まるなど、都市部に住んでいると実感しにくい自然と人間との共存を体感することができる。

二つ目は、取り組んだことの成果が見えやすい点にある。このプログラムでは、島民全てにインターンシップ生の訪問が伝えられ、島中から仕事の依頼が集まってくる。漁の手伝いや、空き家の整理、旅館の配膳や、畑仕事など、一般社団法人天売島おらが島活性化会議が受入企業となるが、島全体が受入先のようなプログラムだ。集大成として、生活の中で見つけた島の課題解決に取り組む。例えば、島の壊れているベンチを改修したり、島の玄関口にある「ようこそ天売島へ」のペンキが波風ではがれていたのを補修したり、小さなことでも役に立つことを探す。都市部ではベンチを直しても埋もれてしまうが、島にとっては小さくないインパクトがある。島中の人が見ていて、感謝を伝えてくれる。顔の見える関係が仕事のやりがいにつながる。

第三は大学のプログラムとの連携が中心に据えられているところだ。札幌市の私立大学、北海学園大学が連携を行っており、当初は経済学部のみの参加だったが、二〇二三年からは同一般社団法人と連携協定を結び、全学部の学生が天売島のインターシップに参加できることになった。

インターンシップ生による漁業のお手伝い（ウニ剥き）

インターンシップ生による島を一周するサイクリング

このように受入先企業だけではなく、取り組むフィールドや大学との連携など、関係性に広く目を向けることで、違った視点でインターンシップを捉えられるようになる。

Column11

北海道でユニークな創業支援プログラム

インターンシップを通じて、自身のキャリアの方向が見えてきた時に、就職だけではなく起業という選択肢を取る学生も少しずつ増えてきている。北海道にユニークな取り組みがある。NPO法人北海道エンブリッジが提供するmocteco（モクテコ）という創業支援プログラムである。

moctecoでは、学生が自身の興味や関心のある領域で小さくプロダクトやサービスをつくり、三か月で最初の顧客を見つけ、一〇〇円でも稼ぐサポートをする。アルバイトによる時給などではなく、自身の企画と行動力でお金を生み出す経験を積むことに特徴がある。農業に興味を持った学生が自転車に大きなカゴを取り付けて移動式の八百屋を始めたり、捨てられる花や野菜をもらって来て色素を抽出し染物屋を始めたり、自身の問題意識から生まれる仕事を作り出すプログラムである。これまで二〇一八年から二〇二二年までの五年間で五九名が参加し、52・5%の学生が売上を生み出した。その後、八社九名が法人化し、六名が個人事業主として登録している。三か月で一〇〇円売り上げる取り組みが拡大し、年間売上総額は二億円を超える。近年は、クラウドファンディングで資金を調達し、人脈をSNSで拡大する。「お金がない」「人脈がない」といった点は、学生だから不利であった要素を克服できるようになってきた。大きな設備投資ではなくとも、共感を生み出すことで、ビジネスを作り出すことができるように変化した。

インターンシップを通じて、自らの自信とスキルを磨いた後、就職活動に利用するだけではなく、本当に自分の進みたい道が見えた時、起業を選択する勇気も、選択肢の一つではないだろうか。

ディスカッションポイント！

❶ 長期実践型インターンシップの特徴は何か？
❷ インターンシップに参加するとどんな良い点があるか？
❸ コーディネーターが存在することでどんな良いことがあるか？
❹ インターンシップに参加した際にどんな効果を得たいか？

長期実践型インターンシップが、単独で参加するもの、企業にお任せのもの、短期間のものとどのような違いがあるのか？ その特徴について理解を深めるとともに、参加した OB の人たちがどのような経験を得られたかを把握することが必要である。

「長期実践型インターンシップ」と「それ以外」のインターンシップの違いについてディスカッションをするのも有益である。さらに、学生自身にとってはどのような要素が魅力的であるかを考えることも、有益である。上記のディスカッションを円滑にするためには、第５章の OB の体験談を合わせて読んで議論することを推奨する。

第三章　あなたを変える長期実践型インターンシップの経験談集

大学時代に長期実践型インターンシップを経験した九名に、社会人に対する追跡インタビュー調査を実施した。学部や学年、参加した地域やプロジェクト内容は異なり、現在の働き方もベンチャー企業に就職した人や大手企業で働く人、起業した人、地域で働く人など様々である。長期実践型インターンシップ参加後の社会人生活は、様々な働き方があるが、より自分らしく働き、自分らしく生きる様子が伝わるのではないだろうか。

すべての事例が長期実践型インターンシップである。つまり、専属のコーディネーターが伴走支援を実施し、企業において半年以上の実践的なプロジェクトに参加する。インターンシップ参加前と参加後では大きな違いが得られる。

インタビューを読むことで、インターンシップに参加したことがない、イメージが湧かない人にとって、具体的なイメージが湧くことが期待される。また、学生の変化やメッセージから、その後の学生生活や、社会人になった際の効果が理解できるだろう。

1　コロナ下、地域中小企業経営者のミギウデインターンシップ

［経験・能力　企業・社会の理解　将来のキャリア］

鳥本真生さん（社会人二年目）ベンチャー企業勤務

大学での講義での体験（一週間程度）と、シゴトリップ（Column12）に参加。大学三年生の時に、約半年間、授業の合間に長期実践型インターンシップに参加した。

インターンシップ先

船橋株式会社（=長期実践型インターンシップで二〇名弱の受入実績）（第二章2参照）

レインコート専業の製造業・業歴一〇〇年の老舗中小企業

プロジェクト詳細

企業の業務補助（インターネット通販ページの更新）、社長のミギウデ（新規事業のサポート、推進）

主な成果

コロナ禍での社会貢献の新事業立ち上げサポート

新工場設立に向けた助成金の申請を担当し、採択された

コーディネート団体

NPO法人 G-net　担当：棚瀬コーディネーター

大学は、岐阜県の地元の地方の国立大学の工学部に進学した。大学時代には、軽音楽サークルに所属し、大学でも実施されていたインターンシッププログラムや、社会人と一緒のチームで地元サッカーチームの企画イベントのボランティアなどを経験した。大学一年生の時に一週間程度のインターンシップに参加し、さらにもう少し経験を積みたいと思い、二年生の時にはシゴトリップ(Column12）にも参加した。二年生までの間に、大学でのサークル活動やアルバイトなども一通り経験し、将来就職する前に、もう少しリアルに働き、社会で働くこと、企業で働くこと、経営者と一緒に働くことなどを経験したいと思い、長期実践型インターンシップへ参加した。製造業の老舗企業でニッチな商品を扱うが、新規事業や社会課題解決に取り組み、これまでに数多くのインターンシップ生を受け入れてきた企業のインターンシップに参加した。

インターンシップのエッセンス

大学の講義の中で受けたインターンシップや、短期間の地域中小企業の経営者の話を聞くインターンシップでは物足りなかったので、長期間一つの企業でしっかりと挑戦する機会がほしかった。従業員が少ない中小企業で経営者のそばで働くことで、経営者が何を考えて、どのような意思決定をしているか詳しく知ることができた。また従業員の人たちとのコミュニケーションの機会も多く、会社全体がどのようなものかを理解することができた、さらに、顧客や社会の動きを直に感じ取ることができ、大学や短期間のインターンシップではできない経験が得られた。

その後の大学生活への影響

インターンシップ終了後は、アルバイトの形で関与することができ、これまでのアルバイトに代替された。インターンシップ期間中の取り組みのおかげで、社外の社会人の人とのネットワークもできて、インターンシップ後も関係性が継続することができた。さらにコーディネート団体などのネットワークを生かして、地域活性化にも興味を持っていたが、別の地域での活動を行うきっかけにもなり、普通に大学で過ごしていただけでは得られないような有益な関係性（ネットワーク）を持ち、様々な活動に参加して、地域での実践活動ができ、充実した楽しい生活につながった。

就職先の決定や社会人になってから良かったこと

就職活動の前に、インターンシップ期間中にも、コーディネーターの人と受入企業の人と三人で面談を行う機会もあり、実践活動と同時に、自分の特徴や強み、課題について考える機会が多くあった。さらにその課題を克服するためのアクションプランや、強みを活かして取り組むことができた。このプロセスを通して、自分が主体的に考えることができるようになった。就職活動の際にも、いわゆる、就活テクニックのための時間は割かなくて良かった。将来自分が何をやりたいかをしっかりと時間をかけて考えることができ、自分が納得する生き方をするために、納得するような企業を選ぶことができた。また、今もインターンシップ先とも良好な関係が構築されており、経営者からの依頼や、従業員との良好な関係なども構築されている。

島本真生さんと，受入先の舟橋社長

受入先からのコメント

新規工場を設立するための助成金に関しては、一人でほぼ担当してもらいました。おかげで一割以下の採択率だったのにもかかわらず、見事採択され、新工場設立に向けて大きく動き出すことができました。インターンシップ終了後も、アルバイトの形でなくてはならない戦力として活躍してもらいました。また、社会人になってからも兼業の形でお世話になり、今後も良好な関係が構築できるのが大変ありがたい限りです

（船橋株式会社　舟橋社長）

担当コーディネーターからのコメント

スタート後しばらくして、コロナ禍での緊急事態宣言を受け、実地から急遽オンラインで切り替えたインターンシップでした。当初は島本さんも慣れない環境下での業務に不安を感じていたようですが、日報での定期的な報告や自身の想いの共有、コツコツと着実に仕事を積み上げていく姿勢から、オンライン下であっても、企業さんの信頼を得て、新しいチャレンジを任せられるような学生でした。

「やったことないけど、まずは興味を持ってやってみる」島本さんの一つの魅力だと思います。

（コーディネーター　G-net 棚瀬）

コーディネーターの棚瀬さん

鳥本さんからのメッセージ

長期インターンシップに参加して一番良かったことは、「とにかくがむしゃらにやる経験ができた」ことです。必死で頑張る経験ができたからこそ、学びもたくさんあり、何より、やればできる！という自信が持てるようになりました。長期インターンシップは必死になれる最高の環境だと思いますので、参加される方はぜひ、自分がこの会社を変えるんだ！という気概で頑張ってみてください。まだ参加するか迷っている方はたくさん迷ったら良いと思います。たくさんの企業を見て、自分の気持ちに向き合って、少しでもやりたいと思うのであれば、ぜひ一歩踏み出して挑戦してみてください。きっかけはどんなことでも良いと思います。踏み出すことが大切です。きっと今の自分では想像がつかない世界が見られると思います。最後に、みなさんの大切な学生生活という時間をかけるだけの価値があるのか、たくさん考えて、決めたことは全力で取り組んでみてください。それがもし長期インターンシップだとしたら最高の環境だと思いますので、悔いのないよう頑張ってください。充実した良き学生生活が送れることを応援しています！

Column12

一か月間、社長の右腕として挑戦する「地域ベンチャー留学」

地域ベンチャー留学（https://cvr.etic.or.jp/）は、夏休み（八月から九月）や春休み（二月から三月）の一か月間、日本各地の地域に住み込み、地域で新しいことを仕掛ける「社長の右腕」として実践型インターンシップに挑戦するプログラムである。二〇一一年の開始以来、全国一〇〇地域以上で二〇〇〇人近い大学生が参加している。

地域ベンチャー留学を企業が受け入れる理由は、「本当はやってみたいけどなかなか挑戦できていないことがある」「でも、その挑戦をすることが自社の次の新しい展開につながる」「今いるメンバーではできないので自分（社長）と二人三脚で一緒に取り組んでくれる人がほしい」というものである。そして、この地域ベンチャー留学には、必ず現地に地域コーディネーターがいるので、皆さんが参加する際には、どこの地域や企業にしようかという相談だけではなく、現地で実際に活動をする時にも、業務面・生活面において様々なサポートをしてくれる。一か月間の実践型インターンシップは、大学生の皆さんにどのような影響・変化をもたらすか？

①起業家マインド（アントレプレナーシップ）が身につく

多くの企業からもその重要性が指摘されている「アントレプレナーシップ」を獲得できる。経営者と二人三脚で取り組むことで、社長自身の凄さはもちろん、苦悩や大変さ、日々何を考えトライしているのかを目の前で見ることは人生においても貴重な経験である。

②自分なりの働く基準ができる

架空のお題ではなくビジネスの現場でリアルに実際に起こっているプロジェクトに飛び込む。仕事とは何か？　働くとはどういうことか？　実際に仕事をしてみることで、自分なりの働く基準が少しずつ見えてくる。

③第二の故郷ができる

見ず知らずの土地に一か月間生活しながら仕事をします。受け入れ先企業はもちろん地域の自治体関係者、住んでいる方など多くの人の協力を得ながら活動する地域は皆さんにとって第二の故郷になります。

実際に地域ベンチャー留学を参加した学生の体験談が下記の動画（約一四分）で視聴できます。ぜひ、ご覧ください。　https://youtu.be/yfLx7c1Gl-k

2 インターンシップから天職へ

［企業・社会の理解　関係性　将来のキャリア］

藤井美帆さん（社会人二年目）　宮崎・九州地域のＰＲ会社勤務

大学の講義で選択必修だったので参加。いろいろと自分のやりたいことを考え、担当の先生と相談。実践的な内容で成長の機会もあり、結果として、自分にとって一番良い就職の選択肢になり、就職を決めて働いている。

インターンシップ先

Qurumu 合同会社

プロジェクト詳細

「ひなた宮崎経済新聞」の取材・記事編集の Instagram の運用、https://miyazaki.keizai.biz/

主な成果

「ひなた宮崎経済新聞」の記事を三本執筆

Instagram のフォロワー目標数一一〇％達成

コーディネート団体

宮崎大学地域資源創成学部　担当：桑畑講師

インターンシップは、自主的に参加しようと思ったわけではなく、大学の学部にインターンシップ科目が選択必修として設けられていたため、参加せざるを得ない状況だったのが本音である。当時は、地元での就職を希望していたため地元でインターンシップを探したが、条件にあうインターンシップ先を見つけることができず、学部が提供する宮崎県内のプログラムから探すことになった。せっかく一か月もインターンシップをやるのであれば実践的な力を身につけて有意義な機会にしたいと思い、インターンシップの経験が豊富な先生と相談しながら自分にあうエントリー先をじっくり検討した。もともと旅行本を作ってみたいという想いがぼんやりあり、その軸から広報・PRに実践的に関わることができるプログラムに参加したいという想いに至り、Qurumu合同会社のインターンシップ参加を決めた。

インターンシップのエッセンス

インターンシップでは、「ひなた宮崎経済新聞」のライターとして初日から実務を任された。やることなすことが初めてづくしの中で戸惑いや緊張がありながらも、自分が書いた記事がひなた宮崎経済新聞のウェブサイトに掲載された時には大きな達成感を得ることができた。自分が作ったものが世の中に発信され、多くの人の目に触れることへの喜びと同時に、世の中へ情報を届ける仕事だからこそ絶対に間違いがあってはならないという責任を感じられた瞬間でもあった。書くことが好きという感覚は漠然とあったが、インターンシップで記事を執筆する経験を重ねるたびに意欲が高まり、確かな想いに変わっていった。これもインターンシップを経験したからこそ得られたことだと思う。

その後の大学生活への影響

これまでは、両親や身近な人たちを見て「働く」ということに対する固定概念があり、ネガティブな印象を持っていたが、Qurumu でインターンシップをしてそれが打ち砕かれた。勤務場所や時間に縛られない職場環境であり、フレキシブルに働く編集長やスタッフの姿を見て、「こういう働き方ができるのであれば、社会人になるって楽しいかも！」という気持ちに変化していった。一か月のインターンシップを経てライターとしての仕事に魅力ややりがいを感じ、さらにスキルを磨いていきたいと思い、編集長に掛け合って、その後はアルバイトとして引き続きライター業務に関わることができた。

就職先の決定や社会人になってから良かったこと

インターンシップ終了後も地元就職希望の意思に変わりはなく、地元中心に就職活動を行っていたが、インターンシップ先の会社以上に「この会社で働きたい！」という気持ちになれなかった。就活を進めていくほどに「書くことを仕事にしたい」「Qurumu で働きたい」という想いが募り、編集長に想いを打ち明けたところ Qurumu 合同会社への就職が決まった。社会人二年目を迎えるが、やりたいと思っていたことを仕事にすることができ、充実した毎日を過ごしている。編集長やスタッフとは学生時代からの付き合いなので、ちょっとしたことでもすぐに相談できる関係性ができていることも仕事を進める上で心強い。

受入企業のみなさん

受入先からのコメント

会社設立三年目を迎え、初めてのインターンシップで、受入を行ったのが藤井さんでした。会社としても、これからどのように拡大するかを検討していたタイミングでした。インターンシップ生と一緒に様々な対話の機会があったことは、企業側にとっても大変貴重なきっかけとなりました。また、実際に縁があって一緒に働けるのは、本当に縁を感じます。

担当コーディネーターからのコメント

インターンシップを通じてライターという職種への興味・関心が生まれたことをきっかけに、その後もアルバイトとして自己研鑽を続けた結果、インターンシップ先と本人の希望が重なり新卒採用につながりました。講義として実施するインターンシップにおいて、そのまま就職につながるケースは稀ですが、短期ではなく一か月という期間、受入れ先と学生双方がじっくり向き合い、本気で取り組むことで生まれた成果だと思います。藤井さんは就職して二年目ですが、「会社になくてはならない存在」と編集長が語るほど、会社の中で活躍しているようです。

（宮崎大学　桑畑講師）

藤井さんからのメッセージ

自ら希望して参加したインターンシップではなかったのですが、インターンシップでは、自分の人生を変えるほどの経験と出会いを得られました。参加前は、働くことも自分の興味・関心も漠然としていましたが、実践の中で試行錯誤し検証を繰り返す中で、自分のなかに確固たる思いや考えを築くことができました。

できない理由ばかりを探して今いる世界に立ち止まっていると、何も変わらないし何も得ることができません。周りを気にせず自分の直観を信じて一歩踏み出してほしいと思います。その手段の一つがインターンシップだと思っています。

3　インターンシップから　コーディネーターの天職へ

［企業・社会の理解　関係性　キャリア自律］

高橋ひなこさん（社会人三年目）　NPO法人 G-net 勤務（インターンシップコーディネーター）

大学三年生で単位になることがきっかけで夏休みに参加。合計で四種類の長期実践型インターンシップへ。有償型のインターンシップで、企業が感謝する成果が出せた。

インターンシップ先

石巻市の水産業、フィッシャーマンジャパン（長期実践型インターンシップのコーディネーター）

岐阜県のいちご農家（オンライン）、岩手県でのまちづくりベンチャー企業でのコミュニティマネージャー

プロジェクト詳細

マーケティング関連、インターンシップコーディネーター

主な成果

長期間地域で暮らしながら様々な業務を支援

オンラインでクラウドファンディングをサポートし成功

コーディネート団体

フィッシャーマンジャパン、NPO法人 G-net

大学の講義で、単位がもらえるのがインターンシップの参加動機だった。ただし、そのインターンシップに参加した際に、コーディネーターが存在し、その仕事に関心を持ち、インターンシップ終了後に自ら依頼してインターンシップをさせてもらった。次の春休みから実施するインターンシップ生のコーディネートのアシスタントとして、企業訪問から学生の受け入れまで学校の講義を受けながら参加した。さらに、大学四年生の時は、別の住み込みのインターンシップと、並行して学生の視点を生かしたマーケティング・クラウドファンディングのプロジェクトに、オンライン環境を活用して参加した。特にコーディネーターとしての経験は、プロジェクト設計から携わることで、企業の経営課題をヒアリングすることから、プロジェクト単体ではなくて、地域・産業全体の課題を考えることができた。経営者が何を考えるかについて、深く向き合うことができ、視座が高くなったと感じた、

インターンシップのエッセンス

コーディネートのお仕事は、スキル的な内容よりは、視野が広がった。会社全体に向き合うことができた。石巻市の同じ水産業でも、課題が紐ついていることがわかった。コーディネーターが調整をし、プロジェクトを通して、地域課題解決に貢献することに価値があることがわかった。また、「一人の人のためにやることを、全体最適のためにやること」は、今のコーディネーターの仕事と近いものがある。経験をさせてもらったからこそ、自分の得意なことが見えてきた。

その後の大学生活への影響

最初に経験したインターンシップのマーケティングのプロジェクトは、大学の教科書に出てきた4P分析を活用した。大学で学んだことが、実践機会で活用することができ、学んだことと、実践が点でつながった。その後は、大学の授業をどの領域に学ぶと活かせるかを考えて、大学の講義を受講するようになった。例えば、NPO論などの講義で学んだことを基礎として、地域の中間支援団体などがどのような活動をしているのか把握することができた。

また、四年生の時には、オンラインのインターンシップは、有償型であり、一定の金額がもらえる形で関与することができ、アルバイトの代替的な形にもなった。

就職先の決定や社会人になってから良かったこと

フィッシャーマンジャパンのアシスタントとしてのコーディネーターのインターンシップは、実務としては「ヒアリングの同席」「プロジェクトシートのたたき台を作る」「学生が一か月住み込みで暮らすことのサポート」を行った。プロジェクトシートの作成と学生が住み込みの一か月のサポートは、今の仕事に影響を与えている。具体的には、物事を俯瞰して見ることや、一人の人に向き合って考えることができるようになった。全体最適のために展開することは、今の仕事と関連する点が大きい。自分の得意な点がどのように仕事で活かせるかを考えて実践することができている。

一緒に参加した菊地さん

一緒にインターンシップに参加した同期学生からのコメント

石巻のインターンシップで出会い、かけがえのない相棒になりました。岐阜県のオンラインインターンシップにも一緒に挑戦し、岩手県で暮らしながらインターンシップに参加した。私も近所まで引っ越し、多くの時間を共有しました。表層的な「それっぽいもの」にとらわれず、本質を追求する姿勢はカッコいいと思いました。その影響もあり、キャリアの選択においても「なぜ働くか」という意義を重視するように変化しました。自分の思考に対して「なんで?」を繰り返し、現在の会社で納得感を持って働いています。普通に生活していると出会わない価値観や考え方が異なる人と出会えることが、インターンシップの価値の一つだと思います。その変化の大きさは私の価値観に大きな影響を与えてくれました。

高橋さんからのメッセージ

インターンシップに最初に参加したきっかけは、単位が取れる授業があるというのが動機でした。挑戦を前向きに応援して漏れるような環境に飛び込むことで「やってみたい」という一言で誰かと一緒に何かができる可能性があります。「面白そう」という一言からはじまることもたくさんありました。そのつながりや縁の先に、今の私が存在しています。誰にでも身近な人がいて、ちゃんと周りの人に伝えていくというのがファーストステップだと思います。

インターンシップをやっていなかった時は、自分自身の理解が浅かった気がするし、社会の理解も浅かったと思います。また、社会人基礎力が大事だと言われますが、インターンシップ参加前はあまりピンと来ませんでした。インターンシップを通じて、自分自身の理解、社会の理解、社会人基礎力を向上させるような経験をたくさんすることができました。お金がもらえることより、経験したことに価値があると思っています。特に、社会人になる前に経験ができたことに大きな価値があると思います。

Column13

「シゴトリップ」の上手な活用法

短期間でも複数社の多様な経営者やスタッフ、仕事に出会うインターンシップで、自分のシゴト観を深掘りしてみよう。

学生にとって、身近な周りの大人は、先生やバイト先の社会人、家族など限定的な人が多いと推察される。通学中に見る社会人の姿は、「仕事」の大変さを感じるかもしれない。

大学生になって就職活動が迫ると、「自分が何をしたいのか？」「どんな仕事に就きたいのか」を嫌でも考えなければいけないが、社会で働いたことがない上に、自分の興味関心さえもわからないのにと、悩む学生たちも多いのではないだろうか。

自分の興味関心や、就きたい仕事がわからない状態で、インターンシップ先を選ぶのは困難だが、その時に活用できるのが、複数企業取材型の短期インターンシップ「シゴトリップ」である。

五日間のうち、火～木曜の三日間は異なる業界の企業へ訪問し、経営者やスタッフの方から仕事内容やこだわり、やりがい等、学生たちが聞いてみたいことについて、取材をする。興味がなかった業界に関しても、実は面白いと新たな発見ができ、自分に向いている仕事内容や、ロールモデルとなる社会人と出会え、将来のキャリアイメージが明確になる可能性もある。曖昧だった

自分のキャリアを
考える旅にでかけよう
シゴトリップ

会社や仕事のイメージを具体的にすることができ、「仕事」や「働くこと」に対する興味がどんどん湧いてくることが期待される。

ただ取材訪問しただけでは、このインターンシップは終わらない。月曜と金曜に前後の研修があることが特徴である。事前に取材するためのレクチャーを受けることに加え、インターンシップを有益に過ごすための事前学習として、自分自身の目標設定などを行う。また、事後にもやりっぱなしで終わるのではなく、複数社を見た感想を参加者同士の学生で振り返ることによって、体験したことを振り返り、学んだ内容を可視化することで、将来のキャリアを具体化し、今後の目標をより明確にすることができる。

大学一年生からも参加することができ、近年はオンライン環境を活用して開催しており、全国各地どこからでも参加可能。長期実践型インターンシップに参加する前に、まずは気軽に参加できるファーストステップのインターンシップとして検討してみてはいかがだろうか。

シゴトリップ　https://peraichi.com/landing_pages/view/sigotrip/

4 地域でのインターンシップ経験から地元の地域活性化へ

［経験・能力　企業・社会の理解　地域］

伊藤拓真さん（二〇代後半）　愛知県・東栄町観光まちづくり協会勤務

二〇一六年三月から八月に半年間参加（大学二年の春休みと、大学三年の時に休学）。まちづくり・地域づくりのプロジェクトに関与したいと思い、愛知県から離れて住み込みで石川県能登半島へ。

インターンシップ先
　御祓川大学（株式会社御祓川＝長期実践型インターンシップ実施）

プロジェクト詳細
　新規事業の推進・企画運営
　市民大学「御祓川大学」の講座、コミュニティスペースの企画運営

主な成果
　コミュニティスペースの運営と場の改善
　商店街の御用聞き、紙媒体の「通信」の作成・配布、イベント企画

コーディネート団体
　株式会社御祓川

大学進学で名古屋に出て、初めて地元を客観視したことで、地元が消滅する危機がすぐそこまで迫っていることに気がついた。その時に感じた焦りと使命感が、インターンシップに参加しようと思った一番のきっかけだった。大学二年生の時に大学の授業で、仮想の事業を立ち上げて事業プランを練る機会があった。テーマを地元の観光プランづくりとして、コンテストに出ることや、地域での調査を行った。一年間取り組んだが、全然形にすることができず悔しい思いをして、モヤモヤしていた。その後、大学二年生の終わりに、NPO法人G-netのイベントが名古屋であり、コーディネーターと出会い、実践する地域で学びたいと思った。どうせなら今まで行ったことのない地域に行きたいと思い、能登半島のプロジェクトに惹きつけられた。親が役場の職員だったが、地域づくりは役場職員がやるような雰囲気を感じていたが、民間でまちづくりをやっている会社のプロジェクトに興味を惹かれて参加した。

インターンシップのエッセンス

住み込みで働けるコワーキングスペースのような場所にいたので、受入企業に加え、活動拠点の七尾市の人たちや、全国でまちづくり活動に携わる人たちと出会う機会があった。活動全体を通して、まちづくりに関わるいろいろな人たちと出会えて、いろいろな人たちと話ができたことが大きかった。滞在期間中のあらゆることがつながる感じで有意義で濃密な時間であった。まちづくりは、地域の外の人たちや、若者がやらなきゃ変えられないと聞いていて、そう思っていた。ただし、インターンシップを通して、住んでいる人たちが、楽しんで地域を変えていることに触れられたことは、重要な経験であった。地元に帰ったときには、まちの未来の姿をイメージして取り組むことが必要だと感じた。

その後の大学生活への影響

影響は大きかった。インターンシップの期間も最初は決めていなくて、三か月経過したときに、早く実践したいとも思っていながら、半年間経験した。インターンシップ先で熱い思いを持った「人」に出会い、語り合う中で漠然と抱えていた自分の想いがクリアになった気がする。もともと休学をしようと思っていたが、少しでも早く実践へ飛び込む機会が必要なことを実感して、地元へ飛び込む決意ができた。五万人規模の都市でさえ苦しんで様々な手を打っているのに、人口三〇〇〇人の東栄町はやらなきゃいけないことが多いと感じた。地域の中で学ぶことが面白くなっていたため、大学を辞め、通信制の大学に編入した。その後、東栄町の観光まちづくり協会へ就職した。

就職先の決定や社会人になってから良かったこと

今は、観光まちづくりの仕事をしていて、インターンシップ中に言われた「まちづくりは二歩先のことを見据えて一歩先のことを取り組まなければいけない」という言葉が印象に残っている。今は、観光まちづくりの仕事をしているが、この仕事も一回やって（イベント的にやって）終わりではなく、継続的にどこにつなげるか、先を見据えた動きが必要。また、働き方としてスケジュール管理やタスク管理といったツールを活用した効率的な働き方は、インターンシップ中の経験が土台となっている。いろいろな働き方をしている人に出会えたので、休むタイミングや時間を使わなければいけないことなどの判断軸が持て、今は自分で判断しながら活動ができている。忙しくなるといつの間にか足を運ぶ機会が減ってしまいがちだが、人からのお誘いはできるだけ受けるようにしているのも、そのおかげだと思っている。

コーディネーターの岡本さん

担当コーディネーターからのコメント

しっかりとプロジェクトを進めることと、（一見すると非合理的に見える）地域でのコミュニケーションや関係性を大事にすることを両立できるバランス感覚を若くして持っていることが魅力的な学生でした。その後、六年ぶりに一緒に仕事をする機会がありました。彼は、「受入企業」として社会人の兼業・プロボノの受け入れを行いました。初めて「受入側」の立場となり、年配のキャリアある方をマネジメントは大変な部分もありますが、要所を押さえてコミュニケーションが取れていたのは、インターンシップで自身が知らない環境に飛び込んだ経験が活きていたと感じました。東栄町は、過疎化が進む小さな町ではありますが、だからこそ、彼の活躍次第で大きく町が変わる可能性を感じ取れます。

（コーディネーター　岡本竜太）

伊藤さんからのメッセージ

自分は実践する中で学ぶことができました。どうしても「成功事例」を真似しがちなのですが、小さくても、失敗しても実践してみることが重要だと思います。ぜひ実践の現場へ飛び込んでほしい。全部を自分で考えて、やり切ることはハードルが高いが必要もないと思います。

支援・伴走し、関わって応援してくれる人がいる環境を見つけると良いと思います。一回ではなく繰り返し挑戦することが大事です。アンテナを広く張って、共感できるプロジェクトを見つけてほしいし、そのために自分の軸を持つことは重要だと思います。ありたい姿に恥ずかしがらずに向き合うことが大事だと思います。やってみたいことや実現したい姿でいい。そういう環境に身を置けることが、地域での長期実践型インターンシップの魅力だと思います。

5　働く価値観が形成できた本気のインターンシップ挑戦

［経験・能力　企業・社会の理解　キャリア自律］

戸倉恵利香さん（社会人・起業家）　社会起業家

大学二年生の半年間インターンシップに参加。その後、インターンシップを一年弱期間を延長。本気の経験、助言の結果、成約、その時の言葉、頑張ったプロセスが今も生きている。

インターンシップ先

株式会社アンビシャス

プロジェクト詳細

先輩社員の同行、業務補助

事業開発（新規営業）

主な成果

物件調査、事業計画を策定し、顧客へ提案

インターンシップ終了間際に、自分の企画提案が実現

コーディネート団体

ＮＰＯ法人ＪＡＥ

大学生活でサークル、バイト、遊びの毎日で、これでいいのかな?・というなんとなくの不安があった。先輩が就職活動大変そうだな、大学生はこんなふうに遊んでいていいのかな?・と思っていた時に、信頼できる先輩からインターンシップフェアに勧誘されて参加し、インターンシップ先の話を聞いて参加しようと思った。

参加して一番大きかったは、なんのために仕事をしているのか？　やりたいことをというベースよりは、人生を考える中で仕事をとらえることができるようになった。人生の中で、自分のありたい姿、なりたい姿から、働くことや働き方をどのように考えるかを意識できるようになった。

インターンシップでは、お金をもらっているわけでないが、だからこそ、自分にとって働くこと、仕事に何の意味や意義があるかを考える機会となった。学生のうちにできる究極の自分のためだけにやる活動だと思っている。

インターンシップのエッセンス

インターンシップでは、物件開発の仕事を通して、自転車で近隣のオフィスを見て空きを探すなどの泥臭いことをやっていた。なかなか結果が出なかったが、最後の方で契約が取れた。企業の人にすごく褒めてもらえた。「今まで丁寧に準備を続けていたことが形になった」「顧客のことを考えて提案して評価されて形になった」など、その時にもらったメールを今でも保存してある。この経験から、顧客のために頑張ってやることが、形になることを身をもって体験できた。

受入企業の担当者からは、自分に向き合って、仕事に対してフィードバックをもらえた。成長が感じられたら、徐々にインターンシップをやる意味・意義が感じられ、少しずつ結果も出るようになった。

その後の大学生活への影響

インターンシップを通して、小手先の仕事テクニックや給料などではなく、人生の長いスパンの中で、仕事や就職について考えられるように変わった。就職活動の時にも、自分自身が何を大切にするのかを、インターンシップの経験から見つけられた。

「自分で考えて自分で作る」「顧客の声をダイレクトに反映できる」を自分の軸と考えた。とりあえず就職活動のために、五月雨式に情報を集めるのではなく、自分の価値観やこれからの未来のなりたい姿に合致する企業がないかを、周囲の先輩や社会人の関係性がある人に聞いて、自分に合致する企業を探していた。

就職先の決定や社会人になってから良かったこと

インターンシップの影響はたくさんあった。仕事を行う中で、基礎・基盤となる目的意識を持つ点で影響を受けた。例えば、書類を一つ作るだけでも、なんのためにこれを作るのか、インターンシップの中では、何回も徹底的にやりとりをした。社会人になってからも誰も教えてくれないことだが、

インターンシップ学生との様子

株式会社アンビシャス
https://ambitious8.biz/company/
https://jae.or.jp/blog/2022/01/72437/

自分の中で染みついていた。また、社会人一年目では、電話の出方や話し方、仕事の仕方、段取りの仕方などの点で、インターンシップ中に実践していたことから、アドバンテージがあった。インターンシップ中の受け入れ企業の人やコーディネーター、同期とその後の関係が続いていて、社外に相談できる人がいる点は心強かった。

戸倉さんからのメッセージ

学生は、自分のための自分の時間を使うことができます。学生だからできることの一つが「学生のうちに社会に出ること」だと思っています。「どれだけ失敗してもいい」。むしろ失敗という概念がなく、様々な経験が自分の将来の役に立つと思います。一度インターンシップですごい怒られたこともあったのですが、信頼関係ができる中で怒ってもらうことがあり、そのことは今でも印象に残っていて、働くことの重要性、自分の中で大切にしたいと思うものになっています。

インターンシップでは、給料などの他の条件を抜きに、自分自身に向き合うことができます。結果、自分自身を知る機会につながり、その後の人生を考える上でも、自分は何が好きで、何を大切にしたいかを、インターンシップでの経験を元に考えることができるようになりました。このような経験は一か月や二か月では得られなくて、三か月経ったくらいで少し考え始められるので、なるべく長く、半年以上経験できるインターンシップの機会は重要だと思います。

6　自分の強み・働く軸を見つけたインターンシップ

［自己理解　キャリア自律　地域］

佐々木梨華さん（社会人）　一般社団法人RCF／株式会社 machimori

大学院に入学後、震災復興の関係で夏休みにインターンシップへ参加。その後、インターンシップの企業開拓営業に関するインターンシップを一〇か月経験。試行錯誤のプロセスが、今の仕事で大切にするポリシーへつながっている。

インターンシップ先

南三陸復興支援ネットワーク、一般社団法人ワカツク

プロジェクト詳細

長期インターンシップの受入に向けた法人営業（新規開拓）

主な成果

交流会・懇親会に自主的に参加して親密になり、プレゼンの機会を得て成約につなげた

コーディネート団体

一般社団法人ワカツク

大学院に進学し、政治学や政策を学んでいた。法学系を含めた文系の大学院に進学する人は少なく、就職に役に立たない、意味がないと思われがちであったが、「そんなことはない、実践してみないとわからない」と思い、進学をした。東日本大震災の復興時期で、夏休みに一か月間、震災復興支援に関連した南三陸町のインターンシップに参加した。その後、NPO法人に関連した内容も学んでおり、コーディネート団体の一般社団法人ワカツクの新規の企業への営業開拓の長期インターンシップへ参加した。企業開拓・新規の法人営業の経験をすることができた。自分で考えて様々な試行錯誤の経験の結果、どのようなことが営業を実施する上で重要か、企業の経営者から信頼を得られ、提案に必要なプロセスとして重要なものが何かを実感できた。企業で働く際にも、判断基準として営業の観点が根強く残っている。さらに、その際に構築できた人間関係が、今でも仕事に通じている。

インターンシップのエッセンス

最初は、企業へ手紙を送ってアポイントを取る業務の指示を受けていたが、全く結果が出なかった。その中で、自分自身で考え、複数の企業が集まる会合や交流会に参加し、そこでのプレゼン機会や懇親機会を活用し、人間関係を構築することが重要だと考え実践した。その結果、自分自身や活動に関心を持つ企業経営者と友好な関係を構築することもでき、その内の一社からは、翌日プレゼンに来なさいと言われ、まさに経営者が考えていた企業の課題解決にぴったりな内容であると評価され、その後数年間継続的な関係を構築できたという成功体験があった。当初は本当に成果が出ずに悔しい思いをしたが、試行錯誤の末、自分なりに考えて行動し、結果を出すことができた。

その後の大学生活への影響

卒業研究では、リサーチをする必要があったが、インターンシップの時の経験から、いろいろな人とのネットワークを構築することもでき、さらに、自分から行動して会いにいくことができるようになった。結果として、仙台にとどまらず、秋田や福井、岐阜などの全国各地に自分から行動して、現場に行って生の話を聞くことができるようになった。このことは、社会人大学院に入学した後にもつながっていて、当時のインターンシップや学生時代の経験として、東北の震災の中での外部の人が入って地域をよくするという活動の中でも、うまくいかずに地域が疲弊してしまうのをみて、なんとか良くしたいという思いなども、研究テーマにもつながっている。

就職先の決定や社会人になってから良かったこと

会社選びの時点で、インターンシップに参加したことで、全国の長期実践型インターンシップ関係者の人たちと交流ができ、関係する地域中小企業の経営者など、多くのユニークな社会人と知り合うことができた。いわゆる大手企業に入って働くこと以外に、自分らしい人生があると思うように変わっていた。

「人と組織の課題を解決すること」「営業職」という二つを軸として、就職した。今でも、相反する複雑な課題を解決することが自分のやりがいとなっている。コーディネーターとしては、経営課題の解決と人材育成の課題を両立させることなど、両立させることにやりがいを感じる。また、自分自身が、双方の異なる利害を調整して、解決に導くことができ、やりがいを感じる。

佐々木さんからのメッセージ

インターンシップを通して、私は、「やり方や正解は誰かが教えてくれるものではありません。自分の頭で考えて、行動し、試行錯誤して、やりきってみることで、成果に結びつくことがわかりました」。受け身で誰かから答えを教えてもらえることはないし、何かやりたいことが少しでもあるのであれば、今すぐ行動して実践してしまうのが良いと思います。迷わずに、思い切ってやり切ること、若いからこそ、怖さを恐れずにやれることもあると思っています。

Column14

シアトルマリナーズでのインターンシップが人生の起点に

大卒後就職、退職を経て、アメリカへ一年間留学し、三か月間シアトルでインターンシップを体験した岩出朋子さんの事例を紹介します（以下本人記載）。

二四歳の頃、新卒で入社した会社では大きな挫折を経験し、私は藁をもつかむ思いでアメリカ留学を決めました。語学と経営を九か月間学び、その後、三か月間のインターンシップ経験をしました。二〇年以上を経た今でも、インターンシップで学んだことが人生で活かされています。「やりたいことがあったら、座席を取りに行く」という学びです。行動を起こさず、ただ待っているだけでは、機会はやってこないということを意味します。

当時、シアトルマリナーズで三か月間のインターンシップを経験しました。インターンシップ先では、英語ネイティブのインターンシップ生や、日本人をはじめとする留学生のインターンシップ生がたくさんいました。自分からインターンシップを通じて何を学びたいのか、担当できる仕事領域以上にはみ出してチャレンジしないと仕事はまわってこない状況でした。激しいポジション競争の中で、少し後込みしていました。

このままでは、ただの大学のプログラムを経験しただけになってしまうと思いました。インターンシップという機会を自分の成長につなげたいと勇気を振り絞り必死にもがき、一歩を踏み出しました。インターンシップ生としてボールパークツアーを担当しました。日本人相手のツアーが主担当でしたが、英語ツアーを担当したいと思い、日本人留学生とホストファミリーのツアーであれば、日本語と英語の両方で説明ができると考え、ボスに「できます、やらせてほしい」とアピールし挑戦しました。そしてマリナーズの歴史やシアトル市民との関係構築について知りたいとシニアボランティアの方に話を聞き、ツアー内容に取り入れるなど失敗を恐れず挑戦を続けました。自ら動くことで機会が創られ、目の前の仕事領域が変わっていく体感を今でも覚えています。

二〇年以上経った今も、勇気がなくなり後込みしてしまう時には、いつも「二五歳の私」を思い出し、チャレンジすることを楽しむことにしています。行動することが成功につながることばかりではなく、時に失敗になることもたくさんありますが、行動しなければ次の扉は開かないと思っています。歳を重ねた今、物事を前向きに捉え進めることができるのは、アメリカでのインターンシップ経験が起点になっているのではと自身を振り返れます。

目の前にチャンスが来たら、楽しみながらチャレンジする、行動しなかったら、何も起こらないということです。失敗を恐れずチャレンジすることで、未来は必ず変わるんだと歳を重ねても大切に思って生きています。最後に元イギリス首相ベンジャミン・ディズレーリの言葉をみなさんにお贈りします。

Action may not always bring hapiness; but there is no hapiness without action. (Benjamin Disraeli)

7　地域で働くターゲットが定まった実践経験

［自己理解　キャリア自律　地域］

羽田知弘さん（三四歳）　合同会社セリフ代表／括り罠猟師

大学二年生の時に大学に通いながらG-netへの長期インターンシップへ参加。その後、休学し、三重県尾鷲市の実践的なプロジェクトに参加した。

インターンシップ先

ＮＰＯ法人G-net、尾鷲夢古道・商工会議所

プロジェクト詳細

長期実践型インターンシップの運営補助

新規事業の企画・運営・広報など

主な成果

新規事業の企画が新聞などのメディアで取り上げられた

コーディネート団体

ＮＰＯ法人G-net

大学で長期実践型インターンシップのセミナーがあり、参加して興味を持った。当時は、理系学部に所属する大学二年生で、授業の必修科目も多く時間があまりなかった。午前中に大学で授業を受けて、三重から岐阜まで移動して、午後から夜までインターンシップに参加した。その後夏休みに入り、長期間しっかりと実践ができた。さらに、三重県尾鷲市で約半年間実践的なプロジェクトに関わった。

インターンシップのエッセンス

G-net でインターンシップをはじめて数か月が経過し、一旦休学した際にコーディネーターが、岡山県西粟倉村に行き、そこで「林業に関わりたいならここが良い」と紹介してもらった。その際に「自分が将来関わりたいという具体的なイメージが湧き、こんな仕事をここでやりたいと思った。実際に社会人になってからも訪れている」。

さらに、二つ以上のインターンシップを経験して比較できた点も大きかった。三重県尾鷲市でのプロジェクトを通して、尾鷲市での経験の方が地域との関わりや、土着性があると感じた。漁師や林業などの一次産業に関わる人との接点も多かった。その中で、自分にとっては、まちよりも山や海や川があるところのほうが、居心地がいいと感じる経験ができた。さらに、プロジェクトの経験を通して「店や場を作る」ことが面白いと感じた。このような経験を経て、当初は、林業がやりたいと考えていたが、実際に山で木を伐りたいわけでもなく、材木屋をやりたいというわけでもないということがわかった。プロジェクトでお風呂屋さんが間伐材活用を行っていることを知り、さっそく経験。自分の将来のキャリアのイメージが明確になった。

その後の大学生活への影響

大学二年生からインターンシップをはじめて、三年生の夏休みまでインターンシップを行っていた。大学に通いながらインターンシップに参加していた。忙しかったが、それでも両方の経験ができたことによって、良い経験ができたと思っている。

大学の勉強にもインターンシップで、社会・地域で実践して生き抜いている、挑戦している人たちに触れて、自分自身もその人たちと同じようなマインドを持つことができたかもしれない。

大学四年生では他の人よりもはるかに多い単位が残っていたが、それでも一生懸命卒業研究に取り組み、一番良い評価で、卒業式で答辞を述べる機会があった。「他の人も良い研究をしているかもしれないけど、鏡の前で発表する練習を一〇〇回してないだろ？　俺はやった!!」と、インターンシップで得られた経験・マインドを元にやりきることができ、良い大学生活だったと振り返ることができる。

大学だけで過ごしていたら、多様性はなく、決められたことを正しくやるだけしか身につかなかったと思う。授業や単位や卒業論文などは、決められたレールの上を正しくきちんと進むプロセスのように感じた。それがインターンシップで学外の様々な人たちと、多様な経験ができたこと、いろいろな社会人や他の学生との出会いなど、大学の中だけでは出会えないような人との経験が自分にとってはとてもよかった。

就職先の決定や社会人になってから良かったこと

今でも学生時代のインターンシップの時に出会った人と一緒に働いたり、接点を持ったりしている。一緒に働いている人もいるし、学生時代に面倒を見てくれた人たちとの接点もあり、いつか一緒に仕事をしたいと思っている。学生時代にインターンシップに投下した時間を考えると、アルバイトをしたほうが金銭的な面でよかったと感じるが、今振り返ってもお金では得られない貴重な経験が、社会人になって一〇年経った今でもアドバンテージとして生かされていると感じる。具体的には、仕事のやりかた、人とのコミュニケーションの方法は、社会人になってからも誰かから教えてもらえ、急に身につくものではなく、このときのインターンシップの経験が大きいと感じる。また、小さい会社の経営者とたくさん関わった経験は、自分の今の仕事につながっている。そういう人たちのつらさや苦しみ、いろいろなものに接してきたからこそ、今地域の企業を応援する仕事がしたいと思うようになった。地域で挑戦している企業に、後継者だけでなく新たな事業の可能性を提供していく仕事がしたいと思ったのは、インターンシップの時に感じた課題や喜びがあった。

羽田さんからのメッセージ

自分が休学を決断してインターンシップに集中しようとしたとき、他のインターンシップの受け入れ先の総合在宅医療クリニックの市橋先生に言われた言葉を贈りたいと思います。

「想像できる人生はもう生きたことにしなさい」

その言葉が心にしみ、休学してインターンシップに集中することに決めました。大学には、行かなかったとしても生きていける社会だし、誰も予測できない社会と言われているけれど、それでもその中で明るい未来を想像しようとしています。なんとなくイメージできるものはそれ以上にはなりませんから、想像できないほうに飛び出したいと思いました。試行錯誤の経験や、本気の挑戦の体験の数を増やしたほうが楽しいと感じています。

8 入社後の活躍へ直結した大学院でのインターンシップ

［経験・能力　企業・社会の理解　将来のキャリア］

大塚万紀子さん（社会人）　株式会社ワークライフバランス

大学院一年生の八月から、卒業までの約八か月間、二社で長期インターンシップに参加。卒業後、入社してすぐ営業部門新人賞、スタッフ部門MVP賞などを受賞した。

インターンシップ先

法律事務所、楽天グループ株式会社

プロジェクト詳細

業務補助、社内コミュニケーション、人事労務業務

インターンシップ制度の社内広報、新規サービスの補助

主な成果

初のインターンシップ生として、社内外の広報活動によって翌年以降の受け入れに貢献

コーディネート団体

ＮＰＯ法人ＥＴＩＣ.

大学院の時に、弁護士になる夢があり、努力を重ねていたが、手放す決断をした。その後、ビジネスの世界に身を置く決意をした。自分には足りないところだらけだという自覚があり、厳しい環境に身を置き、時代の先端を経験できる企業で修行したいと思い、ＥＴＩＣ.がコーディネートするベンチャー企業への長期実践型インターンシップへ参加した。

業務内容は、ベンチャー企業らしい特徴を有する内容で、多様な人材にマッチした人事労務業務の実行の補助業務に携わった。また、社内の関係者に共有するための社内発表会を企画し、運営することを担当した。社内の経営改革にも関与することができ、具体的には株主総会の準備の補助業務や、新規事業の企画にも関与することができた。

インターンシップを通して、自分の足りないところと強みがわかった。ビジネスマンの基礎となるマインドを築けた。さらに、世の中の課題を発見し、解決するための仕組みを構築するための熱意と執念は、インターンシップ時代に教わったことで今でも生きている。

インターンシップのエッセンス

ビジネスの世界について右も左もわからなかった私にとって、「仕事とはなにか」「ビジネスとはなにか」を日々スピーディに展開する業務の中で体感を得られたことは最も大きな経験である。なかでも印象的だったことは「地方の中小企業をＩＴで元気にする」という言葉を、多くの社員が日常的に使っていたことで、一見華やかに見えるビジネスであっても、その根幹には「困っている誰かの役に立つ」「誰かとともに夢を見る」という思いがあることがわかった。このことは短期の「お客様的」インターンシップでは知りえなかったことである。

その後の大学生活への影響

インターンシップをする前の私は「大学・大学院は資格を取るための猶予期間」と位置づけているところがあった。インターンシップを経て、社会は目まぐるしく変化し、常に半歩先の目線で、常に誰よりも早く行動することが大切である、ということに気づけた。「思考より試行」という当時の副社長が好んで使われていた言葉があるが、試行するにもインプットがなければ始まらず、大学・大学院での授業でのインプットを重視するようになった。

就職先の決定や社会人になってから良かったこと

楽天の「成功の五つのコンセプト」という考え方①常に改善、常に前進②Professionalism の徹底③仮説→実行→検証→仕組化④顧客満足の最大化⑤スピード!!スピード!!スピード!!というものだが、このコンセプトは今も私が仕事をする上で大切に、意識していることでもある。ただ夢を語るだけではなく、それを実現させるために何が必要か。ホットな心とクールな頭でビジネスを広く長くとらえるという習慣につながっている。起業してうまくいくときも、壁にぶつかるときも、このコンセプトになぞらえて、自分の思いと行動を整理するようにしている。

大塚さんからのメッセージ

まず、インターンシップの期間はタイムリミットがあるからこそ、すべての経験を有効活用しよう、と心がけることをおすすめします。成功はもちろんですが、失敗から学べることもたくさんあります。

また、少し向こう見ずと思われるような「夢」や「志」を臆せず描くことも才能の一つであることも、インターンシップ時代に教わりました。様々なことが起こる現代社会で、夢と志が持てるかどうかで、人生の質も大きく変わります。

最後に、学生の一番の武器は、思い切りよく行動できることと、自由に使える時間が多く持てることだと思います。迷うくらいならやってみて、そしてうまくいってもいかなくても、振り返ってみてください。きっとそれが皆さんの将来の個性につながっていくと思います。

9 内定後のインターンシップもキャリア形成に役立つ

［経験・能力　企業・社会の理解　キャリア自律］

加藤裕介さん　横須賀市議会議員

一年間の留学経験と就活終了後、大学四年次の六月から六か月間インターンシップへ参加。新卒の就職先に限らずその先の人生において、より良い選択・決断につながった。

インターンシップ先

株式会社ワーク・ライフバランス

プロジェクト詳細

広報室（社長の受注連絡調整、コンサル随行・議事録作成、スケジュール調整、新規事業の企画など）

主な成果

バックオフィスの業務を正確に確実に時間内で終わらすことができた

マニュアル作りなどで業務の標準化に貢献した

コーディネート団体

ＮＰＯ法人ＥＴＩＣ.

インターンシップは、大学四年生で就職活動が終了した後の期間、社会で働くための準備をする観点で、参加しようと思った。具体的には、大手コンサルティング会社の内定があった。将来を見据えて、小さな会社がどのような存在かを知る経験がほしかった。また、具体的な業務領域として、人事、能力開発、組織開発に関心があった。NPO法人ETIC.が実施するベンチャー企業に対する長期実践型インターンシップの中から、人事に関連する企業のプロジェクトを発見し、関心を持ち参加した。

インターンシップを通して、真剣に、そして楽しく、社会を良くしたいという想いで働いている社会人がいたことを知れたことが有益であった。また、プロジェクトの内容に加えて、一生の付き合いができるような密な人間関係を構築することができた。実際に人生にも大きな影響があった。具体的には、就職した一年後に、次の転職先のきっかけとなる社長や社員、NPO法人ETIC.コーディネーターと出会い、次の転職先（被災地での中間支援の立ち上げ業務）の紹介があったことによって、新卒以降のキャリア形成が進んでいった。

インターンシップのエッセンス

半年間、週四日～五日の時間をコミットして、会社の人と同じ時間を共有できと。会社の立ち上げ期のスピード感、事業の進み方をバックオフィス側から携わってじっくり見ることができたことは、社会人になってからもとても役に立った。社員から「ロボットみたい」と言われたことがあった。意図としては「機械のようにきっちり仕事してくれるけど、感情の変化が見えないから相手は不安になるよ」という指摘だったが、衝撃を受けた。

その後の大学生活への影響

就活を経て内定後にインターンシップを実施しているので、大学生活というより、自分なりの仕事の基準（定時までに仕事を必ず終わらせる、ライフとワークの充実等）を持つことができた経験は大きかった。また、社会人でも真剣に楽しく働いている人がいるということを理解して社会に出ることができたことは後々のキャリアチェンジにも大きな影響を及ぼしている。

就職先の決定や社会人になってから良かったこと

転職した組織が社長一名というスタートアップだったので、これから組織になっていくプロセスをインターンシップ期間中に経験できた。とくに総務・人事の基礎を作っていく業務がとても役に立った。またインターンシップ先の小室社長や社員さん、NPO法人ETIC．のコーディネーターの伊藤さんなど自分の人生に大きな影響を与える密な人間関係は本当に良かったと思う。

加藤さんからのメッセージ

インターンシップ期間中はわからなかったけれど、失礼なこともいいながらも、いろいろな人と出会って実際に仕事ができる経験は、社会に入ってからでは経験できません。お金でつながる関係ではないし、インターンシップと会社の関係性は非常に面白いものです。選択肢が多いと思いますが、本気で長期実践型インターンシップに時間を投資すれば、一生の付き合いとなるような人生にとって大事な人とめぐり逢えます！

ディスカッションポイント！

❶　9名の事例の人たちがインターンシップを終えた後に、良いインターンシップと振り返ることができているのはなぜだろうか？

❷　なぜ、インターンシップで成果を出すことができたのだろうか？（そもそも成果とは何か？　何がインターンシップの成功なのか？　失敗なのか？）

❸　事例の中で、あなた自身が一番良いと思った内容、キーワードはどのようなものか？　なぜそう思ったのか？

九名の長期実践型インターンシップを学生時代に経験した社会人に追跡調査インタビューを行った。経験したインターンシップも活躍のフィールドも様々ではあるが、それぞれの人たちが、キャリア形成に有益な経験であったことがわかる。身近に OB や経験者がいない場合でも、今回記載のケースから、なぜこの人たちがインターンシップ経験を将来のキャリア形成に生かすことができているのか、どのような点がインターンシップの効果として挙げられるのかを議論して深めるとよい。若手社会人や企業の人事担当者、あるいはインターンシップを経験したことがない社会人や、効果に疑心的な人とも一緒になって、学生とディスカッションする機会も有益であろう。

第四章　良いインターンシップ・悪いインターンシップ

1　成功する学生・失敗する学生

インターンシップの失敗と成功パターンを「A（成功する人）」「B（失敗する人）」のケースで考える。インターンシップに参加して、AとBは、同じ大学の似たような大学二年生である。

Aは、アルバイト経験も豊富でバイトリーダーも任され、サークルでもリーダー的存在で自信を持っていた。Bは、家庭教師のアルバイトは経験したことがあるが、社会との接点は乏しく、自信がなかった。Bは、Aが積極的にインターンシップに参加する様子を見て参加しなければと準備をはじめたが、最初は全然自信がなかった。それが故に、しっかりと事前準備を行い、できることは全て全力で臨むこととした。

Aは、自信満々で準備をせずにそのまま参加した。

Bは、しっかりと事前に準備して参加し、振り返りをしっかりと行った。

図表4-1　学生の違い

		A	B
1	自己分析や企業研究，目標設定	事前準備なし	事前準備大
2	マナー・服装・言葉遣い，やる気	学生気分	しっかりと準備
3	振り返り（当日編）	やりっぱなし	毎日記録・振り返り
4	その後のアクション	やりっぱなし，終了	次の目標と行動

さて、この二人はこの後どうなるか。

自己分析や企業研究、目標設定

Aは、自分の大学生活に自信があり、充実していたこと。自分のことはあまり深く考えず、参加して活躍すれば良い。自分にも自信があり、インターンシップは余裕で活躍できると思って楽観的に参加した。企業の事前調査はそこそこに、とりあえず予定の合う有名な企業のインターンシップに参加した。内容より、他のライバル学生と比べて優位だと確認できれば良いという認識であった。

Bは、企業のことは全然知らないと自覚し、さらに自分は何がやりたいかはわからない状況で不安な状況でいっぱいであった。不安がゆえに、自分に興味がある分野や、授業の中で好きだった簿記を生かせる領域を一つの軸として、調査した。繊維関係の財務系のインターンシップを発見し、自分の関心に合うと考えて応募した。企業の人とコミュニケーションをとる中で、一言一言を大事にし、一つでも多くのことを吸収しようと取り組んだ。目標として普段は萎縮してしまうが、自分が発言、発表できる機会には、なるべく積極的に発言・発表する目標を立てていた。

マナー・服装・言葉遣い、やる気

Aは、大学時代に自信が満々であったことも作用し、十分にインターンシップに対する準備ができていなかった。例えば、服装は、スーツやカバンなどは普通のリクルートスタイルであったが、靴下がそぐわない内容で、シャツが柄色など、チグハグな部分も目についた。また、敬語が使えずに、注意されることもあった。最初は元気いっぱいであったが、終了時には小さくなってしまっていた。

Bは、今まで社会人と話をしたこともなかった。学校で開催された自由参加のマナー講座で挨拶の練習をし、名刺交換の練習を事前に行った。服装も不安であったため、家族や大学の相談室で情報を入手し、念入りに準備して参加した。また、最初は緊張感が半端なく、敬語はたどたどしかったが、相手に気を使う真摯な姿勢であり、徐々になれて、上手にコミュニケーションが取れるようになった。

振り返り

Aは、学校から任意でもらえる日報や目標シート、振り返りシートなどを入手していたが、特に活用しなかった。また、参加中には、ノートは持参していたが、相手からもらった助言を書き留めることや、毎日の振り返り、目標などの記録はしていなかった。結果、終了後、一週間が経過したときには、具体的に学んだことや成長したことが記憶から消えて出てこなかった。

Bは、学校からもらった書式の日報を必ず記載し、企業の人から言われたことは、できる限りメモを取り、毎日細かく振り返り、翌日の目標を設定していた。また、能力に関しても、事前と事後で違いを把握し、終わってすぐに、振り返りレポートなどを自主的に書くなど、限られた期間での経験を最大限自分のものにしようと一生懸命取り組んだ。

その後のアクション

Aは、インターンシップにあまり良い思い出がなかった。サークルやアルバイトの方が有益で、就職活動が本格化した時期に参加すれば良いと考えた。自分自身の未熟な部分に向き合うことはせずに、都合の悪い部分には向き合わず、大学生活にのめり込んだ。

Bは、インターンシップで、刺激を受け、企業で働く人、特に入社二年目の人が自分と少しだけしか年齢が違わないのに、活躍する姿に感銘を受けた。少しでも近づきたいと考え、話をする機会を自分から頼み実現した。また、自分の苦手な部分を克服しようと、営業系や企画系の内容が経験できる別のインターンシップに応募した。

二人のポイントは？

事前の心構えと、当日の様子、終了後のアクションで、二人のような違いが現れる可能性がある。プログラムの相性や企業の人との相性もあるが、多くの場合は、学生のマインドセット（心持ち）によって、差が生じる。特に最初に参加するインターンシップは、事前学習が大切で、いかにマインドセットができた状態で臨むことができるかが重要である。

Column15

学生のマナーや態度

インターンシップに参加する際に、大学生が最低限身につけておいた方がいいこと、心構えとしてどんなことがあるだろうか。もちろん、敬語がきちんと使えて、ビジネスマナーを最低限身につけておき、参加企業の下調べが十分に行われていて、該当する業務がすぐに実践できる状態で参加できることが重要であろう。ただし、最初から全てを身につけておくことは困難であろう。逆にこんな状態だと、企業の人も大変困惑することを理解しておくと、何を意識しておけば良いか気づくであろう。

「単位がほしいだけで参加し、企業や内容に興味が全くない」
「何を聞いても黙り込んでしまう」
「こちらの話を聞かずに自分のことばかり話をする」
「何回も同じことを言われる（メモなどを取らない）」
「知ったかぶってしまい、確認や質問をしない状態となる」
「挨拶や返事、反応がほとんどない」
「無断・勝手に休んで、遅刻・早退などをしてしまう」

「学生同士でコミュニケーションを取らない、逆に意識しすぎる。喧嘩してしまう」

これらはほんの一例だが、実際によく目にすることや、気づかずに陥ってしまうことを添えておく

「謙虚な気持ち」「学び続ける気持ち」「成長意欲」が大切である。

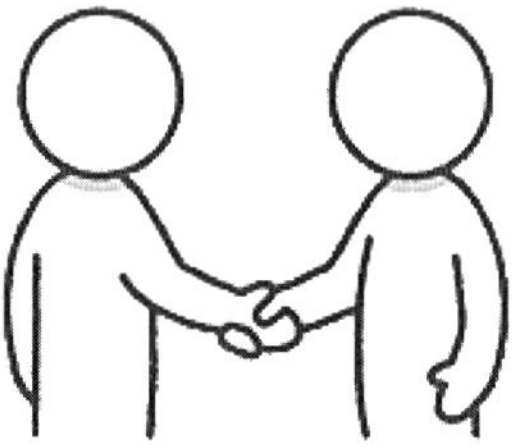

どんな経験でも最初から完璧にできることはない。ただし、失敗と思うか、成功と思うかは、その人次第でもある。また、Aのような状況であったとしても、途中で、あれ、何か違うな?と思ったときに、自分で立ち止まり考えることができるか、他者からのアドバイスに素直に耳を傾けることができるかも重要である。

第五章で、事前準備や、プログラムでの取り組み、事後の振り返りなどの注意点・留意点や、活用するワークショップ、ポイントなどを具体的に記載されている。

この本を活用して、実践することで、一人でも多くの人が、Bのような有益なインターンシップを経験できるようになることを期待する。

2　学生から見た「良いインターンシップ」「悪いインターンシップ」

大学生にとって良いインターンシップと悪いインターンシップを考える。

学生にとって良いインターンシップとはどんなものだろうか。例えば以下の内容が考えられる。

・業界や企業の理解が深まる
・成長できる、人脈・ネットワークができる
・自分の強み（可能性）や課題を把握できる

・好きな企業や働き方がわかり、その後の学生生活のモチベーションがあがる

一方で、学生にとって悪いインターンシップはどんな内容があるのだろうか?

・業界や企業に興味がないことがわかった
・難しすぎて中身がわからず途中で挫折してやめてしまった
・自分から行動できずに、関係性が構築できなかった
・自分が思っていたインターンシップと違い、雑用ばかりやらされた
・期間が長すぎて、内容が大変すぎて学業に支障をきたしてしまった
・期間が短かすぎて、説明と変わらず、得られるものが少なかった。

と、たくさんの内容が出てくる。

インターンシップに参加する時期や、目的によって、「良い」や「悪い」が異なる可能性がある。さらに、事前の準備によって「良い」「悪い」を変化させることができる。

例えば、「参加した結果、業界や企業に興味がないことがわかった」は、自分が好きな企業や働き方は見つからなかったというネガティブな要素もあるが、一方で、将来のキャリア形成に向けた選択肢を絞れたという意味では、一つステップを踏み出せたと考えることもできる。次の機会を設けることで、少しずつ自分の将来のキャリアを鮮明にすることにつながっていく。

また、期間の長さや難易度については、一年生ではじめてインターンシップに参加する時に、いきなり長期間の実践的な内容に挑戦すると失敗する場合も多いかもしれない。その場合、まずは試して

みることも大事だろう。インターンシップに限らず、ボランティアやアルバイト、ＯＢ訪問などによって社会人と対話をすることも有益だろう。

特に低学年の時には、自分は何がやりたいかが明確でない場合もあるだろう。その場合、自分の大学生活を振り返り、どのくらいの期間・時間をインターンシップに費やせるかを考えて、無理のない形で、チャレンジすると良いだろう。初めから、自分は特定の業界、特定の企業でしか働かないと限定するのではなく、いろいろな業界や企業に触れると良いだろう。

今では、オンラインでプロジェクトに参加できる内容もあることから、検討することも一つである。また、都会に住んでいる人が、地域に住み込みで参加できるようなプログラムもあることから、海外留学ではないが、地域留学といった形で経験してみることも有益である。

また、就職活動の時期が迫ってくると、短い期間のインターンシップや、自己分析などを促すようなインターンシップも存在する。これらも一長一短であるが、プログラムをきちんと見て、自分が求めるインターンシップに参加することが重要である。

「インターンシップだと思って参加したら、面接が始まり、根掘り葉掘り聞かれて、何も情報が得られなかった」

「インターンシップで、先輩社員の話が聞けると思っていったが、人事の説明しかなくて、ＨＰを見ればわかる内容ばかりだった」という声を聞くこともある。

また、有名企業や人気企業の場合は、選考や抽選・先着順の場合もあり、参加人数も多く、時間が短いこともある。

大切なのは、「目的」が何かを見極めて、その上で「インターンシッププロジェクト」の中身をきちんと理解した上で、参加することが必要である。

企業のホームページや説明などを見て、内容がきちんと細かく記載されているかを確認し、貴重な時間を無駄にしないように努めることが大切である。

3 大学教員からみた「良いインターンシップ」「悪いインターンシップ」

大学教員の立場から、学生にどんなインターンシップに参加すると有益かを考える。

大学では、大学が実施するインターンシップに関する表彰制度がいくつか存在する。その一つとして文部科学省で実施する表彰制度を紹介する。条件は以下の図表4-2のとおりだが、ポイントは「就業体験」と「事前の目標設定や目的のすり合わせ」、「実習期間中のモニタリング」「事後の振り返り」「一定期間以上」の取り組みであることが重要である。

「就業体験」は、企業や職種によって異なるので、調査分析することが本業の企業もあれば、観察・インタビューを本業にし、企画資料を作る仕事や、資料の間違いを正す仕事など様々な内容が存在する。大切なことは、職場内（学校外）のリアルな環境の中で、働くリアリティがイメージできる

Column16

学生の相性

学生も企業も、大学も教職員も外部のコーディネーターも、いろいろな組織があり、いろいろな人たちが存在する。様々な学部に所属し、生まれた場所も異なり、趣味や性格も様々であることを考えれば、よりイメージが湧くであろう。インターンシップに限った話ではなく、就職する先を選ぶことや、選び方、趣味嗜好などもそうだが、人によって、それぞれ優先項目や優先順位は異なる。

ある学生が良いと思うインターンシップであっても、他の学生には悪いという場合もある。学生が相談してよかったと思う相手も様々である。大事なのは自分にあったタイプのインターンシップを見つけること、今の自分にあった相談相手として適切な人と出会えることである。しっかりと意見を言ってくれる人が良い場合もあれば、自分に考えさせてくれる人、話を聞いてくれる人など様々なタイプがいるので、自分の状況に合って適切な人と相談できると良い。

大学には、実務家教員と呼ばれる人（実際に企業などでの勤務経験を得て大学の教員となっている人）が存在する場合もあると思われる。特に人事部での採用の経験や、あるいは企業の中での実務経験が自分の将来に近いところの場合はイメージしやすいと思う。このような人がいた場合は積極的に話を聞き、授業があれば取るのも有益だと思われる。人によっては、このような人に加えて、親身になって相談してくれる相手が重要な場合や、自分が何をすれば良いか個別に相談できる人と出会う場合が良い場合もある。その場合は、キャリアセンターなどにいる相談員、キャリアカウンセラーの資格を有した人、あるいは外部のコーディネーターなどと相談することも有益であろう。

図表４−２　大学の届出制度
「正規の教育課程としてのインターンシップ」に必要な要素

1	就業体験を行うもの
2	大学等において，正規の教育課程の中で明確に位置づけられた授業科目であること
3	実習の事前に学生・企業双方との目標設定や目的のすり合わせを行うことや，実習期間中にモニタリングを行うこと，事後に振り返りを行うことなどを含めて適切な学生指導の時間が設けられていること
4	実施後の教育的効果を測定する仕組みが整備されていること
5	原則として実習期間が５日間以上のプログラムであること
6	大学等と企業が協働して行う取組であること

ような体験が含まれているかである。

大学におけるホームの環境では、緊張感が感じられなくなる。友人や大学の先生がいつもそばにいないと行動できないという状況ではなく、アウェーの企業での環境に身を置いて、仕事・働くこととは何かを体験でき、その体験を振り返って自分の将来の働くイメージを明確にすることが重要である。

次に大切な点は、事前・インターンシップ中・事後のこの三つの観点で、「学習」効果が認められる取り組みが含まれていることである。

事前に学生は、「自分の状況や課題、インターンシップ中の目標、企業やプロジェクトの事前調査」を行うことが重要である。そして、インターンシップ中に、就業体験を実施するために必要な知識や情報のインプットと、適切なアウトプットが存在し、その取り組みに対して、フィードバックが存在することが重要であろう。フィードバックの機会がない場合でも学生が、企業の人とコミュニケーションをとり、自ら成長するために学びとろうという姿勢を有することが重要である。

さらに、やりっぱなしに終わることがないように、最終的には、インターンシップ期間の内容をまとめ、発表する機会やレポートなどで文字にまとめることは、有益である。

学び方の基礎を学ぶように、インターンシップでの効果的な学習方法の基礎を押さえた上で、参加する必要がある。ただし、大学などで機会があるとは限らない。その場合は、第五章を参考に、自分自身で実践すれば、同じような効果が得られるだろう。

大学で事前学習などを実施する場合には、社会で働いた経験を有し、インターンシップやキャリア教育の知見を有する「実務家教員」と呼ばれる教員や、外部の企業の人たちと連携した内容である場合は、有益な内容である可能性が高い。専門領域がキャリア教育で、事前学習がとても上手な教員が存在する場合もある。一方で、何か困ったときや、社会と大学の違いを質問した場合に、「働いたことがないからわからない」という場合や「極端な持論を展開する教職員」には注意すべきである。時代とともに就職活動やインターンシップは変化しているが、その情報を捉えずに「私の若い頃は」と語る人、「学生の立場ではなくて、私の持論」を語る人には注意する必要がある。

では、「悪いインターンシップ」とはどのようなものが考えられるか。いくつか存在するが、代表的な内容を複数列挙しておくので頭の片隅に入れておくと良い。

① 大学で実施されている場合（単位が付与される）でも、実際は、学生が自分で探すだけで、十分な事前事後学習が含まれていない場合

② とりあえず単位を取得する目的で、学生自身の目的と合致しないような内容でも参加する
③ インターンシップ先の労働力として活用されて、気付いたら、長い時間あまり成長せずに時間を浪費してしまう
④ ずっと同じ内容を繰り返す長期間のインターンシップ（できたら複数の体験をした方が有益である）。

Column17

つながるキャンパス

日本全国のU24世代の若者八〇〇名および二〇〇を超える団体／企業・個人などの社会人が集うオンライン上のキャンパス「つながるキャンパス」（以下、つなキャン）では、「あなたの出会いと学び、挑戦をボーダーレスに」というコンセプトを掲げ、U24世代向けのオンラインキャンパスを運営する。

新型コロナウイルス感染拡大を受けた二〇二〇年、多くの若者は学校に行けなくなり、学生同士の交流がでさなった。高校生や大学生とっての挑戦機会が失われた一方、Zoom や Slack といったオンライン交流ツールが普及した。オンライン上で日本全国や世界各国の若者、企業が集まり、オンラインの特徴を活かした活動が可能な「つなキャン」が誕生した。

つなキャンでは、Slack 上で様々なプログラムが展開される。

「社会連携ゼミ」では、これまで五期にわたり実施され、合計五七のゼミ・累計二五〇名が参加した。例えば、ADS株式会社による『茨城県かすみがうら市で「持続可能な地域づくり」について知る・学ぶ・繋がる』やコーン・フェリー・ジャパン株式会社による『Power of Choice! 一〇代から考える自分のキャリア』など、企業による地域づくりやキャリアをテーマにしたプログラム、運営委員により企画された多種多様なゼミが展開されている。

プロジェクト型学習プログラム「グローバルゼミ」では、イギリス、フィンランド、日本に在住・在勤の各国で活躍する多様な社会人がゼミオーナーとなり、普段ゼミオーナーが携わっているリアルな社会課題や各種テーマを題材とした設計がされた。国内外の最前線での現在進行中の課題や多様なテーマを学び合う機会を提供する五つのゼミが開講された。

その他の特徴としては、つなキャンの運営には多くの社会人が、副業やプロボノとして参加する。社会人が各事業部に分かれ、会議やつなキャン生のサポートをSlack上で行っている。二〇二三年には公式ウェブサイトがリニューアルされ、つなキャンが提供するプログラムへの申し込みがウェブサイトから直接可能となった。

多くの若者に、出会いと学び、挑戦をボーダーレスにする場の提供を目指している。

https://tsunacam.net/

4　コーディネーターから見た「良いインターンシップ」「悪いインターンシップ」

一〇年以上の実績を有するチャレンジ・コミュニティー・プロジェクトのコーディネーターたちから見て、学生にとって良いインターンシップ、悪いインターンシップを考える。

学生は、参加前には、自分自身としっかりと向き合うことが重要である。自分一人で自分を見つめ直すことが難しい場合は、外部の大人や、キャリア教育の授業、個別面談の機会などを有効に活用することが大事である。その上で、他の選択肢と比べて、インターンシップで得たいことや、得られることを整理した上で、参加することが必要である。

学生が事前に準備ができていた上で、受入企業がより効果的なインターンシッププログラムを実施することも成功のためには重要である。特に、短期間ではない一定期間以上の受け入れの場合には、企業も事前にプログラムと受け入れ態勢を整備する必要がある。お互い長期間のインターンシップを受け入れて、すぐにやめるとならないように、事前に学生と面談し、研修なども行い、事前学習を行った上で、企業と面接などを実施し、双方で合意した上で、インターンシップを開始する。中間支援団体の長期実践型インターンシップの実践者たちからは、学生の視点ではなく、受入候補先の地域の中小企業に対する視点で、良いインターンシップと悪いインターンシップについて説明する。当該

図表4－3　インターンシップ品質基準シート（企業編）

事前準備	1	基礎準備	プログラムをサポートする専属のコーディネーター及びキャリアコンサルタントが決まっている。プログラムの実施前と実施後に関係者で品質基準のチェックし，取り組みの見直し機会を設けている。また，関係者で基準チェックを総合的に実施することの必要性を理解している
	2	カリキュラムとの接続	大学が提供するカリキュラムとプログラムが相互的に好循環を生み出す設計になっている（理論と実践の往還）
	3	時間の使い方（流れ）	プログラムに関してだけでなく，事前準備や実習外で必要な取り組み等がまとめられ，教育効果が高い内容になっている
	4	受入体制（人）	受入目的や実習内容に加え，評価指標が整えられており，関わる社内全体に共有されている
	5	受入体制（仕組み）	定期的に振り返りミーティングや，企業・学生それぞれの相互フィードバックの機会が準備されている
広報	1	募集要項（職種）	出会える人や実習で取り組むテーマなどが具体的で，プログラムの参加目的に応じて検討できる募集になっている
	2	募集要項（プログラム）	インターンシップによる学びだけでなく，企業や社会への影響や波及効果についても記載されている
プログラム設計	1	コンテンツの設計	プログラムが，受入企業にとっても本質的な課題やチャレンジに紐づいて設計されている（様々な学生が参加可能な標準化されたプログラムになっている）
	2	就業体験の品質	様々な業務に対して，体験で終わらず実践レベルで PDCA サイクルを回す試行錯誤の経験機会と継続的な内省機会を設けている
	3	学生の学び・気づき ①目的の明確化	学生・受入企業のそれぞれの目的を共有した上で，共通のゴールが設定されている
	4	学生の学び・気づき ②目標設定	インターンシップ生の振り返りの機会を定期的に設けており，再設計や改善に取り組みやすい仕組みができている
	5	学生の学び・気づき ③フィードバック	インターンシップでの学びに関して，受入企業と学生が相互に意見交換や振り返りができる機会が定期的に設けられている
	6	企業理解	企業の過去や未来，これからのチャレンジなど多角的に学ぶ機会が設けられている
振り返り	1	インターンシップの振り返り	学生と受入企業だけでなく，大学やコーディネート機関など第三者も交えた振り返りの機会を設けている
マッチング	1	選考	選考に加え，インターンシップの実施にあたるリスクや不安，また期待などを相互にすり合わせる機会を設けている

（出所）NPO 法人 G-net 作成の表から抜粋

団体では、企業が受け入れるにあたって、「インターンシップの品質基準（一部抜粋）」（図表4－3）を整備した。

基準が必要になる背景には、多くの企業は、インターンシップを、事前にプログラムを設計し、学生の成長に対して効果的な形で実践できていない課題がある。特に長期間受け入れを実施する場合は、社内外で大学生を受け入れて、学生と企業が有益な内容になることが必要である。

また、若手社員の入社が定期的にない企業の場合は、障壁は高くなる。事前に外部のコーディネーターが基準を理解した上で、企業専用のプロジェクトシートをもとにプロジェクトを検討する。

特に重要な点は、プロジェクトの内容を事前に提示できていない場合は、学生が参加した後にギャップを感じることも多くなる。長い時間実施するのに、想定した効果が得られないと、学生にとって地獄の体験になってしまう。

また、外部の第三者として、大学でも中間支援団体のコーディネーター以外でも、相談できる窓口があることが好ましい。企業の担当者と学生が一対一の関係だと、困った場合に相談できない場合も存在する。社内で複数名担当者をアサインすることでフォロー体制を構築することが望ましい。

適切な体制で、適切なプログラムを事前に準備し、学生にとって教育効果が期待される内容を織り込んだ形で実施することが望まれる。逆に捉えれば、このような内容が整備されていることを、学生の視点からも確認して、インターンシップ先を選択するのも有益だろう。

5　満足できるインターンシップの選び方

所属する大学において、インターンシップの情報がある場合は、情報を元に自分に合ったものであれば参加することが有益であろう。大規模の大学であればあるほど、学生個別の支援が困難であることから、外部と連携したプログラムが設置されていることになる。情報も多く調査が困難かもしれない。その場合は、地元の情報や、あるいは本書で紹介する全国で参加可能なプログラムを検討することも有益である（図表４－４）。

インターンシップにも期間や内容によって様々な種類が存在する。また、目標や参加動機によっては、いきなり長期間のインターンシップに参加するのではなく、まずは話を聞いてみることや、キャリア体験プログラムやボランティア、アルバイトなどの方が合致している場合も存在する。あくまで参考程度であるが、フローチャート例（図表４－５）を示したので、自分にとってどんなインターンシップが有益化を考えるヒントとして活用して欲しい。

図表4-4　インターンシップ参加に向けたフローチャート

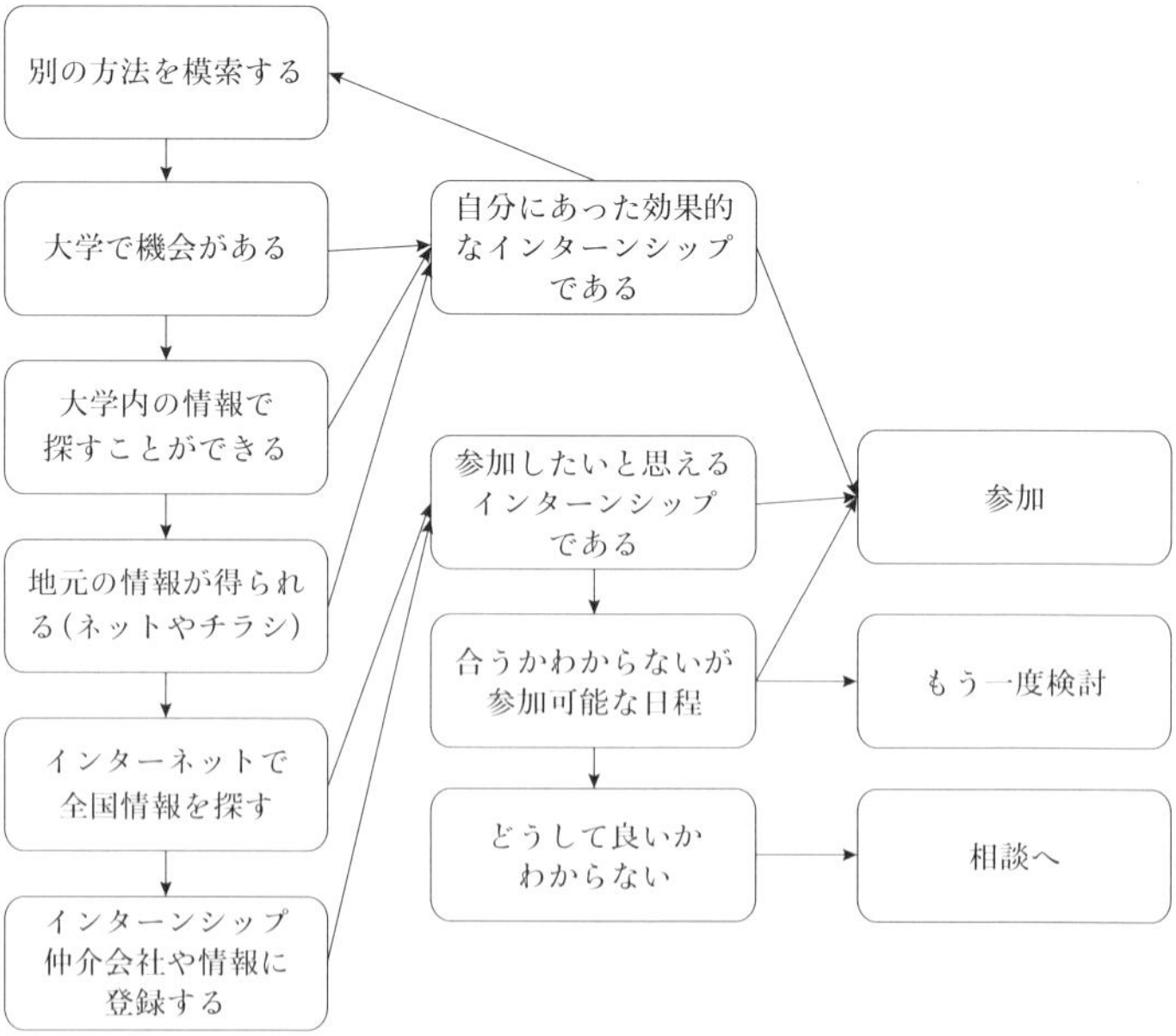

図表4-5　参加するインターンシップの内容についてのフローチャート

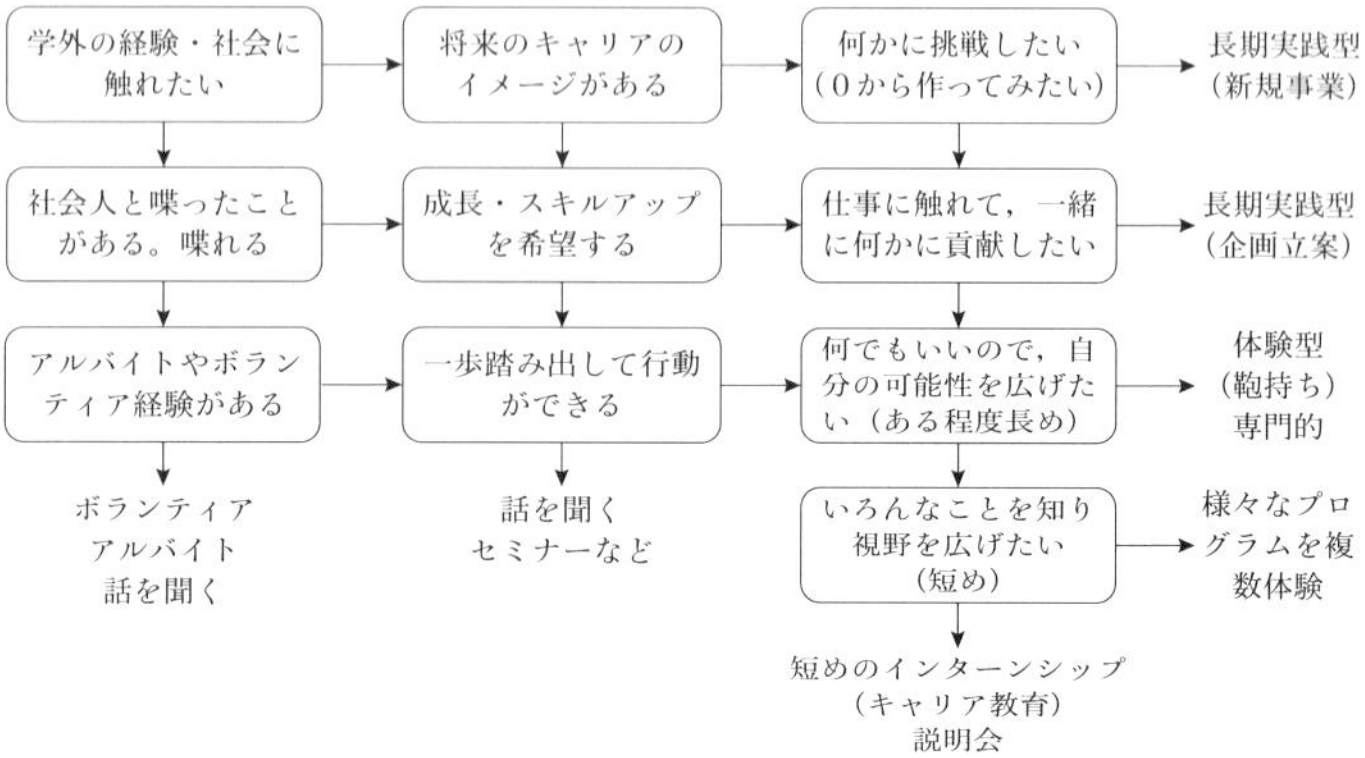

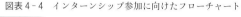

Column18

越境学習

近年は、個人が組織の内と外を隔てる境界を「往還」して学ぶことを「越境学習」が注目を集めている。越境学習とは、一般的には自分が普段からなじみのある環境（ホーム）から、なじみのない新たな環境（アウェー）へ移り、そこで学びを得ることである。主に社会人の人たちに対して活用されている。日本の企業では、組織内で職場の上司、同僚、部下の相互作用で学ぶ「職場学習」や、業務を内省することで学ぶ「経験学習」であり、これまで日本のＯＪＴを中心とした人材育成の中心であったが、昨今では、社会の変化のスピードや、様々な技術革新のスピードの速さから、社内を中心とした学習に加えて、越境する経験によって、外の世界での経験による学びが注目されている。

これらの要素は、インターンシップにおいても得られる学びである。学校の中や、アルバイトや部活などでは、どうしても同質の人と一緒にいて居心地が良い「ホーム」の存在になる。インターンシップでは、他の大学の学生や企業の人と一緒に行うが、基本的には「アウェー」の空間を体験することになる。アウェーの場所では、ゼロベースから関係性を構築するところから始まるので、これまで、なんとなく良好な関係で、コミュニケーションができていたが、アウェーに

図表4-6　越境学習・被越境学習

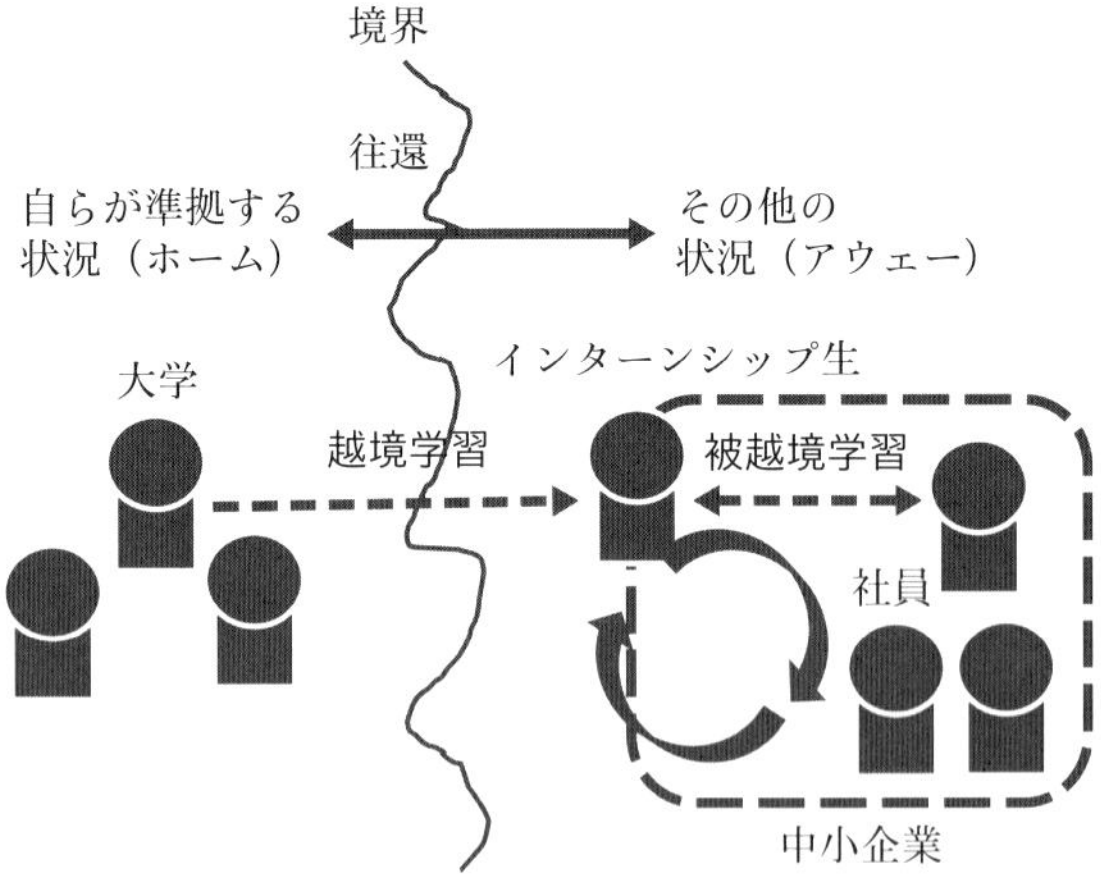

身を置くことで、自分が得意だと思っていたことが通用しない、あるいは逆に思いもよらない点が、意外と強みだと気づくような機会もある。また、同質性の高い場所では、「意識高い系」とか浮いてしまうのを気にして積極的に行動・発言を遠慮する人たちもいるかもしれないが、アウェーの場所では、改めて自分を高める挑戦がしやすい状況にあるともいえるだろう。また、受入企業にとっても「被越境者」として「被越境学習」の効果も期待できる。

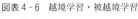

ディスカッションポイント！

❶　良いインターンシップとは、悪いインターンシップとはどのようなものか？
❷　学生、企業、大学にとって、それぞれにとって良い、悪いインターンシップとは何か？
❸　あなたにとって良いインターンシップとはどのようなものか？
❹　あなたの5年後・10年後にとって有益なインターンシップはどのようなものか？
❺　上記のインターンシップにどうやって参加するのか？
　企業や大学はどうやって良いインターンシップを作るのか？

インターンシップは学生・大学・企業・コーディネーターなどの様々な関係者が存在する。それぞれが求めるものは異なるが、学生にとって有益なインターンシップになるために、どのようなものが良いのかをみんなで議論することや、相手の立場を想定しながら考えることは有益である。

その上で、様々なインターンシップが存在するが、学生自身にとってどんなインターンシップが良いのかを考えることができるとよい。また、時間を費やしてインターンシップに参加するので、労力が無駄にならないようにするためにも、良いインターンシップ、悪い（自分に合わない）インターンシップの見分け方を考えられるとよい。

第五章　有益なインターンシップにするための秘策

1　事前・事後にやるべきこと

インターンシップに参加するだけでは、十分な教育効果が期待されない場合もある。単に参加するだけでは、やりっぱなしになるリスクがある。時間を費やし、濃密な経験をしたのにも関わらず、「喉元過ぎれば熱さを忘れる」という言葉のように、記憶から消えてしまうリスクがある。

筆者らは、これまで多くの学生と接してきた。その中では、何も準備せず、終わった後も振り返ることもなく、インターンシップがこれからの大学生活や人生に影響を与えない、もったいない事例に数多く触れてきた。

どんなインターンシップであれ、事前と事後にきちんとしたステップを踏み、企業が提供したプログラムにただ参加するだけではなく、自ら目標を持ち、高い意識ときちんとしたプロセスで参加することで、経験を成長に還元する学生も多くみてきた。

図表５-１　インターンシップ品質基準シート（学生編）

事前準備	1	自己理解	自己分析による自己理解を踏まえて，将来のキャリアの選択肢を検討できている
	2	参加目的	自分の課題や目標に対して，適切な内容のプログラムを検討し，最適な内容に参加している
	3	企業分析	業界や同業他社の調査などを実施した上で，企業分析が完了している
	4	目標設定	プログラムの内容と自分の課題を踏まえて，頑張れば実現可能な具体的な目標が設定されている
実施中	1	事前準備	必要な準備が完了し，当日開始時に，モチベーションが高い状態で臨むことができる
	2	マナー	相談が必要な内容は，確認した上で，迷惑をかけずにインターンシップを過ごすことができる
	3	報告・連絡・相談	社会人として求められる水準の報告・連絡・相談が常に実現できる
	4	日報・報告書	日報や報告書，第三者からのフィードバックを生かして，活動の振り返りと今後の目標・課題が設定されている
	5	取り組み姿勢	取り組んだ結果，成果の実現，もしくは自分の課題を克服し，参加前より成長を遂げている
事後の振り返り	1	内省・リフレクション	活動が分析され，次にやる場合に充実した内容に取り組めるように，具体的な内容として振り返りができている
	2	働くイメージ	将来，自分がどんなキャリアを歩んでいきたいか，参加前に比べて鮮明になっている
	3	今後のアクション	経験を踏まえて課題を的確に見つけ出し，将来に向けた一歩を検討し，既に具体的に実行している

注：詳細版は巻末資料編参照
（出所）NPO 法人 G-net 作成の表から抜粋

ポイントを事前と事後、実施中に分けてまとめたのが、図表5－1である。

事前段階では、「自己理解」「参加目的」「企業分析」「目標設定」の四つの準備が重要である。実施中には、「事前準備」「マナー」「報告・連絡・相談」「日報・報告書」「取り組み姿勢」の五つが重要となる。実施後には「内省・リフレクション」「働くイメージ」「今後のアクション」の三つが重要となる。

インターンシップに参加する前は、「自己理解」を行った上で、インターンシップ先を選定することが重要である。自分は何が得意か、不得意かを理解することは、インターンシップを経験する中で理解を深めていけば良い。ただし、事前に、自分は何が好きで、どんなことに興味があるか、あるいは何に興味がないかといった点を、考えようとすることは重要なことである。結果、インターンシップにどのような目的で参加するか「参加目的」を明確にすることにもつながる。なんとなく参加するより、目的を持って参加することが、はるかに有益である。

その上で、事前にできる限りの準備を行うことが望ましいが、特に重要なのは「企業分析」である。何も知らない状態でインターンシップへ参加することと、公開情報としてホームページに掲載された情報や記事の検索、本などを読むことで得られる情報はできる限り押さえておいた方が、企業の人との密度の濃い対話の機会につながる。上記によって、適切な「目標設定」が可能になる。

次に、インターンシップ実施中は、インターンシップ先の企業とのやり取りを密度濃く有益にするためにも、「事前準備」として、肉体的にも精神的にも満たされた状態で、モチベーション高く参加し、参加時には社会人の人に対して最低限の「マナー」を遵守することが必要である。その上で、社会人が求め「報告・連絡・相談」を心がけて、円滑に業務が遂行することが必要である。また、「日報・報告書」などを記載し、コミュニケーションを図ることで、お互いの理解を深めることが重要である。また、相手も人間であることから、一生懸命な「取り組み姿勢」によって、受入企業の担当者が、学生の成長に貢献したいと思ってもらえることも、有益なインターンシップの実現に重要な点である。

実施後も重要である。やりっぱなしで終わることが一番残念な結果を生み出す。インターンシップ終了後は達成感があり、成長した気になる。その瞬間には、成長を遂げていた可能性があるが、記憶は時間の経過とともに薄れ、気づいたら参加前の状態に戻ってしまうリスクが高い。経験を「内省・リフレクション」して、インターンシップの経験がどんな意味を持っているかを、言葉にして明確にすることが必要である。内省は、反省とは異なり、できなかったこと、ネガティブなことを振り返るだけではなく、良いこともそうでないことも両方振り返り、今後同じような状況の時に、どのように行動すると良いかを具体的に考えられるように振り返ることである。一人では困難であるかもしれないが、友人や、他のインターンシップ仲間と一緒に行うのも良いだろう。大学などが実施する発表会も内省に有益である。振り返りの際には、社会で「働くイメージ」を明確にすること、特に参加前と参加後での変化として、「働く目的を考える」のも有益であろう。その上で、明らかになった課題や目標を明確にして、課題や目標に向かって、具体的にいつまでに何を実現するか、「今後のアクション」を考えて、行動することが重要である。

Column19

インターンシップを失敗に終わらせないために

インターンシップをやりっぱなしで終わらせてしまうことや、参加したのに何にも得られるものがなかった、良くなかったという結果にならないために、以下の点が特に大事である。

インターンシップ期間中はとにかく一生懸命全力で頑張ることである。限られた時間である。インターンシップは、限られた数週間、長くても半年程度である。大学生にとっては、これまでの学生生活や、四年間の大学生活と比較すると、長く感じるかもしれないが、長い人生、働くことを意識すると、たったの数か月である。そして、その体験できる日はあっという間に過ぎてしまう。

その上で、経験をきちんと記録して、振り返り・内省（リフレクション）を行うことである。記憶は消えてしまうので、記録した上で、悪かった反省に加えて、経験したこと、できたこと、よかったことなど、自分にとっての意義や意味、当初の目標と関連づけておくことが必要である。

そして、その振り返った内容を言語化し、文字や言葉として外部に発信すること、発表する機会などが大変重要である。

加えて、発表が有益な内容になるためには、参加する前に、自己理解・自己分析をある程度行い、自分が何者で、何がやりたいのか、何ができるのかをその時点で明らかにしておき、目標を設定することが重要である。終わった後に当初の状態と比較することによって、自分自身の成長も理解できるようになるだろう。

2　インターンシップで活用できるワークシート

インターンシップを効果的にするためには、事前・インターンシップ実施中・事後学習が重要である。一例ではあるが、実践者らが活用するワークシートなどの一部を紹介する。

学生が一人で応募してインターンシップに参加する場合には、参考として活用することで教育効果を得ることができるだろう。また、大学や企業の方も、学生にとって教育効果が得られて、学生の成長を促し、企業にとって有益なインターンシップを両立させるためのエッセンスが含まれていることから、必要に応じて活用してほしい。

全体像

A　事前学習：①自己理解　②将来の目標・キャリアイメージ
B　インターンシップ中：①（直前）インターンシップでの目標設定　②日報　③中間振り返り
C　インターンシップ後：①振り返りシート　②今後の目標

事前学習として重要なことは、インターンシップに参加する企業や業界の調査にくわえて、「自分自身のことを理解しておくこと」＝「過去の自分を振り返り、現時点の自分（強み弱み）を把握しておくこと」である。将来のキャリアイメージを参加前の時点で一定程度明らかにしておく。大学生になるまでに、あまり自分のことを見つめなおしたことがない場合や、まだ社会のことが全くわからずに、イメージが湧かないケースもあると思う。わからない状態を把握することも重要なことである。不安がらず、次ページ以降に掲載するワークシートに取り組んでみるとよいだろう。

自己分析や自己理解を高めるための方法はいくつかあるが、年表を活用して、それぞれの時期の印象的な出来事を振り返るのもよいだろう。ライフラインチャートを活用して、これまでの生活を振り返り、幸福感の起伏を把握することも有益である。

いずれの場合も、事実を記載した上で、そのような出来事に至った理由について考えるとよいだろう。また、一人で実施するのはなかなか困難な作業であるかもしれないので、友人と一緒に取り組むことや、自己理解を高めるセミナーが学内で開催される場合や、講義として開催される場合は、受講すると有益であろう。

将来の目標を考えるために Will-Can-Must シートの活用も有益だろう。将来をイメージすることを考えるのは難しいかもしれないが、シートの質問に沿って考えてみると良いだろう（巻末資料編・自己理解促進シート、Will-Can-Must シート参照）。

次に、インターンシップ中に実施すべき内容を言及する。

インターンシップ中には、日報を作成することを推奨する。そして、毎日何ができて、何ができないかを把握することが重要である。経験から学び、自分自身が参加前と比べて変化・成長したことを

図表５－２　Will Can Must の関係

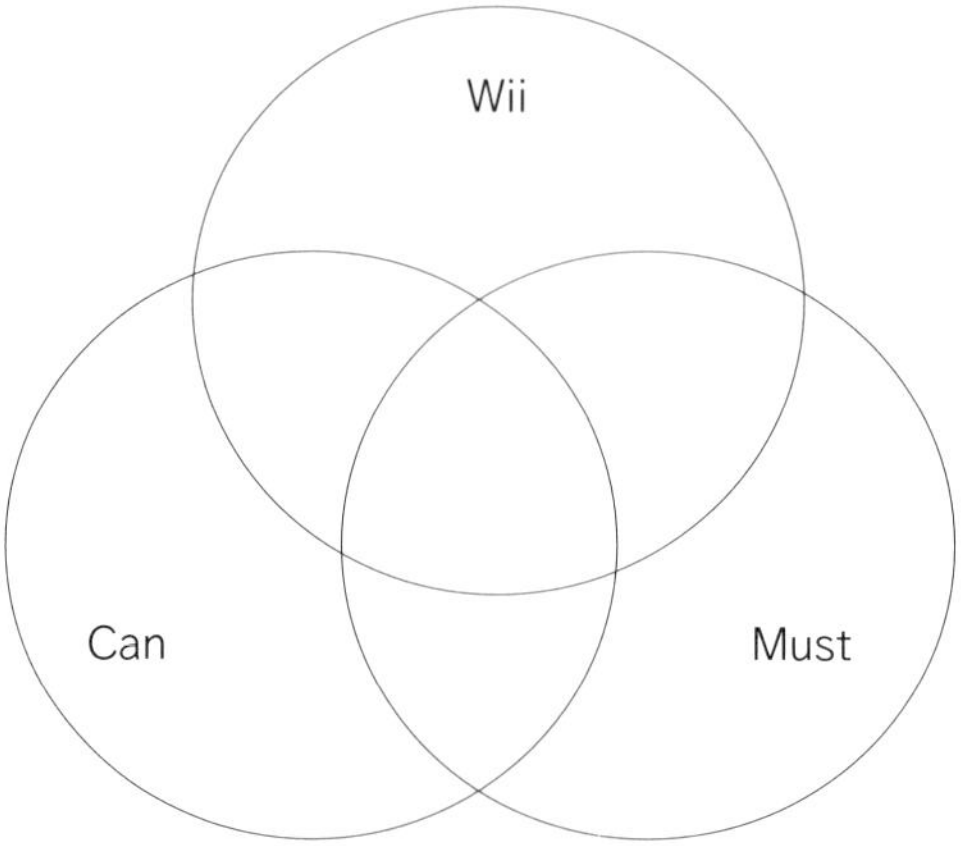

図表５－３　ライフラインチャート

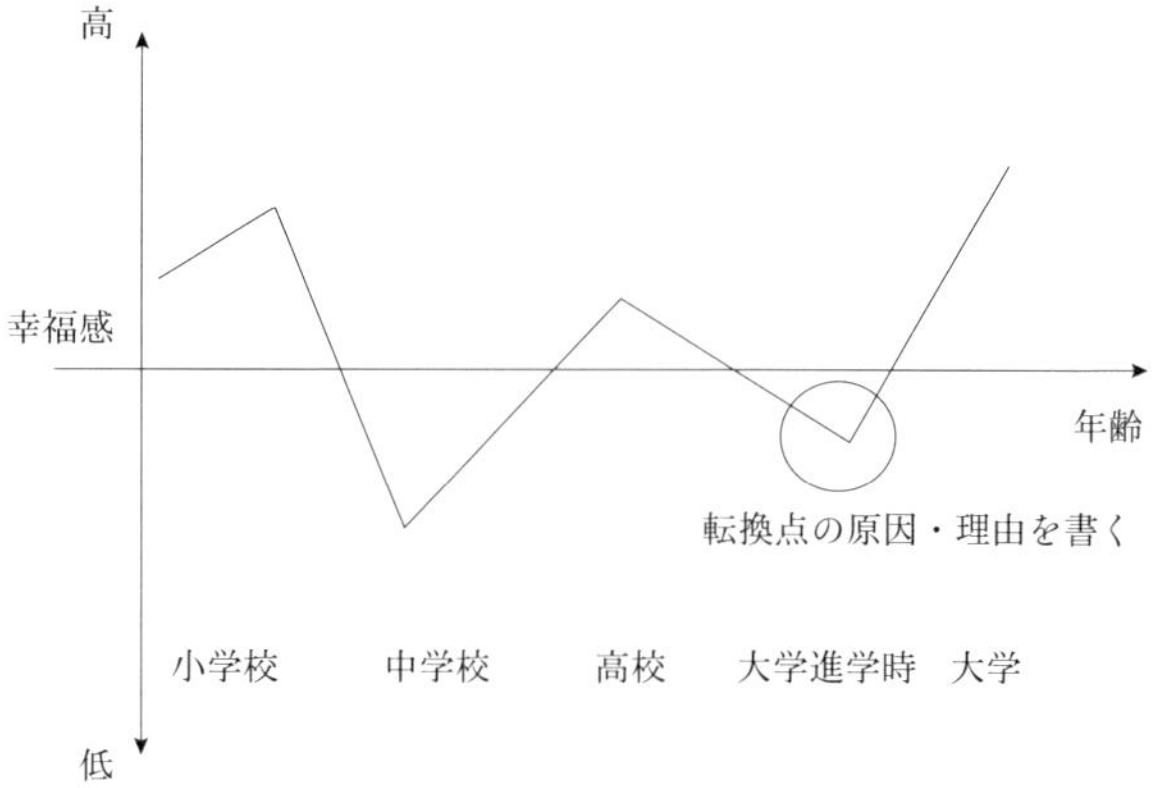

記録する。このためには、事前に自分自身の状態を把握し、その状態から終了後にどのような状態になっていたいかを明確にすることが必要である。つまり、「目標」設定が大切である。目標に関しては、抽象的であいまいな内容よりは、具体的に何がどのようにできるようになるか。第三者が理解しやすい定量的な目標を設定するとよい。

毎日の日報に関しても、ただ、事実を書くだけではなくて、経験した内容から何を学んだのか。また何ができなかったのか、明日以降の課題が何か、という点を意識するとよい。日報を毎日書くのは慣れないと大変かもしれないが、三日以上経ってしまうと、ほとんどその時の記憶が薄れてしまう。また、毎日インターンシップに参加している場合は、新しい経験が積み重なることから、以前のことは記憶から消えてしまう。良い経験を自分の中に残し、やりっぱなしにならないことが重要である。

また、一か月程度経過した際には、まとめて振り返りの機会を持つとよいだろう。できれば企業の人ともコミュニケーションをとる時間があるとよい。第三者の大学の教職員や、コーディネーターの人と対話をすることで、自分では気づかなかった成長の視点が得られるであろう。

インターンシップ後には、改めてインターンシップ期間を振り返ることが有益である。ライフラインチャートと類似した自己理解促進シートを用意した（巻末資料編）。期間を振り返り、どのような時にワクワクしたか、どのようなときにモチベーションが下がったかについて、全体を通して考えてみるとよいだろう。振り返りでは、悪い点・課題を見つけ、良かったことや頑張ったことを可視化することが重要である。

頑張ってできたこと、今後の課題など、細かい点でもよいので、できるだけ多く洗い出しておくことが、今後のアクションプランを考える観点でも有益である。インターンシップの経験も重要であるが、この振り返りの機会をしっかりと取り組むことによって、その後の大学生活の充実につながり、大学での学習意欲の増加や他の活動への挑戦につながる。また、多くの大学では、インターンシップ終了後に発表会などを実施することも多い。発表会の機会には、しっかりと振り返った上で、今後の目標についても考えて、自分以外の第三者への発表を聞いてもらうことは有益である（巻末資料編：インターンシップの事前目標シート、中間モニタリングシート、日報シート、事後・振り返り・目標シート参照）。

3　マイプロジェクトのすすめ

長期実践型インターンシップでは、学生のキャリア意識の向上や、新たな学習意欲の創出などの効果が見込まれることが、これまでこの本で述べられてきた。さらに、インターンシップ終了後にこれらの効果を高める方法の一つとして「マイプロジェクト」を紹介する。

わたしと社会がつながる「マイプロジェクト」

「マイプロジェクト」とは、慶應義塾大学湘南藤沢キャンパス（SFC）井上英之研究会（ゼミ）で二〇〇七年頃から開発・発展してきた探究学習・アクティブラーニングの手法である。元々はソーシャル・アントレプレナーシップ（社会起業家精神）を育成するために生まれたものである。

今日は起業家教育に限らず、チームビルディング、キャリアデザイン、リーダーシップ育成、地域社会との協働学習など様々な目的のために使われ、その対象も高校生や一般社会人に広がっている。例えば、ＮＰＯ法人カタリバが高校生向けに行う「全国高校生マイプロジェクトアワード」や、一般社会人に向けて独立行政法人中小企業基盤整備機構が行う「マイプロジェクト道場」などが有名である。

マイプロジェクトは、「仕事やプロジェクトを通して、私自身の想いとつながり、社会をよりよくしてゆくアクションと仲間を生み出す学習手法」である。各自が、自分の価値観や想いにもとづき、プロジェクトを描き、その第一歩を踏み出す。アクションをし、その気づきを仲間とシェアしあうメタ学習によって、より深く自己を理解・肯定し、より各自の価値観や想いを探究するものである。

慶應義塾大学での実施様子

具体的には以下のステップを踏んでマイプロジェクトは進んでいく。

①　各自が日常で大切にしていることや好き嫌いといった価値観のベースになっていること、また、生まれてから今日まで、どのようなことに関心を持ち、どんな気持ちの動きがあったのか人生ヒストリーをワークシートに記入、振り返る

②　現時点でやりたいと思っている、あるいは、すでにやっているプ

ロジェクト案を描く（その際、実現可能性や社会的意義の有無は二の次。自分のワクワクや想いに忠実かどうかを重視）

③　①②を仲間とシェアしあう中で、気づきを与え合い、アクション可能な「次の一歩」を明確化することを助け合う

④　各自がそれぞれの現場で「一歩」をアクションした結果生まれた、その時の気づき、心の中で感じたことやモヤモヤなどを、再び仲間にシェアする

⑤　仲間との対話・探究を通し、自己認識・自己受容が促進され、プロジェクトも深化してゆく

社会に対して良いことを行うに留まらず、その社会の一員である「わたし」自身の想い、例えば「未来はどんな社会にしたいのか」への願い、「私は何を大切にして、どうありたいか、どう生きていきたいか」。そのような問いに対し、迷いながら真摯に向き合い、仲間とともに深めていく。自己理解が促進され、よりパワフルな想いとプロジェクトが生まれてくる。このようにして、多くの人が「わたし」とつながったアクションを行うことで、一人一人が自己を肯定し、ウェルビーイングな状態になるのと同時に、確実に社会はよりよくなっていく。これがマイプロジェクトである。

取り組むプロジェクトの内容こそ各自で異なるが、気づきや学びをメタ視点で扱い、分かち合い、学び合う部分はグループで行う。この特徴により、異なった現場や体験を行った学習者同士が、その現場の差異を超えて学び合いのコミュニティを作ることができる。この点で、インターンシップとの親和性が高い。また、現場に出てアクションを伴う学習における学びを最大化する点もインターン

シップにとって良い効果を与えるであろう。

インターンシップでの「ええ格好主義」の落とし穴

まわりの目を気にして「そつなく上手くやろう」とする「ええ格好主義」の気持ちは誰もが有している。インターンシップの際には、学生は社会経験が乏しいこともあり、「足を引っ張らないようにしないと」「粗相をしないように」と失敗を恐れるのは当然であろう。しかしながら、学生にとってせっかくの機会、十二分な挑戦を行わないのはもったいない。インターンシップはその主旨からして、学生の学びが重要であり、受け入れる側は「多少骨が折れることは覚悟の上」である。学生の皆さんが遠慮して、学び取るものが少なくなってしまうことは本末転倒だ。

インターンシップに参加する学生は、これまでの成功体験や得意なやり方の範疇から飛び出し、失敗を恐れずに自分の可能性を広げることにチャレンジしてほしい。例えばプレゼン一つとっても、情熱的なプレゼンが得意な人はデータによる説得力を増してみる等、これまでのやり方を手放し、新たな挑戦をしてみよう。

インターンシップに関わる人々は、学生の皆さんの積極的な挑戦を願っている。有能さだけの勝負ではＡＩは強敵となりうるが、自ら挑戦し成長できる力を持つ人間はこれからも求められていく。

メタな学びによる自己理解の大切さ

別の視点から、重要なことは、メタな学びによる自己理解へのフォーカスである。インターンシップの成果として、例えば「プログラミング言語を一つ習得した」「営業電話ができるようになった」等、具体的な成長や変化を認識することは容易だ。もちろん、それらも十分に価値のある成果だが、もう一歩、学びや気づきを深めてみたい。

インターンシップでは、多くの人生の先輩と時間をともにする。自分自身がどう働き・生きていくのか、人生の約三分の一を占める「働く」を舞台に考える絶好の機会だ。これらの問いの答えはすぐには出ない。実際に先輩たちの多くも、三〇歳を超えてから答えを見いだし始めているのではないだろうか。だからといって目を背けるのではなく、早い時期から模索を始めるべきだ。

例えば、仕事を通してあなたは何を感じただろうか。例えば、次から次に新しい知識や技術を学ぶ必要があると痛感した時、あなたが感じたのはワクワクだったか、しんどさだったか。営業電話をしたとき、感じたことは何だろうか。「自分は自己肯定感が低くて、営業なんて向いていないと思っていたが、心から自分自身が共感するサービスなら自信を持ってお客さんに伝えられた」など。

このように自分の体験を、与えられた具体的なタスクに関しての結果の評価だけでなく、一歩引いた視点（メタ視点）から、自分自身の理解につながる学びや気づきを導き出せるように、丁寧に振り返る（リフレクション）ことが大事である。振り返りによって明らかになった、それらの気持ちや気づきは、あなたの価値観や願い、働く上で何が大切か等々、あなた自身の理解を深めるヒントが詰まっ

図表5-4　マイプロジェクトにおけるメタな学び

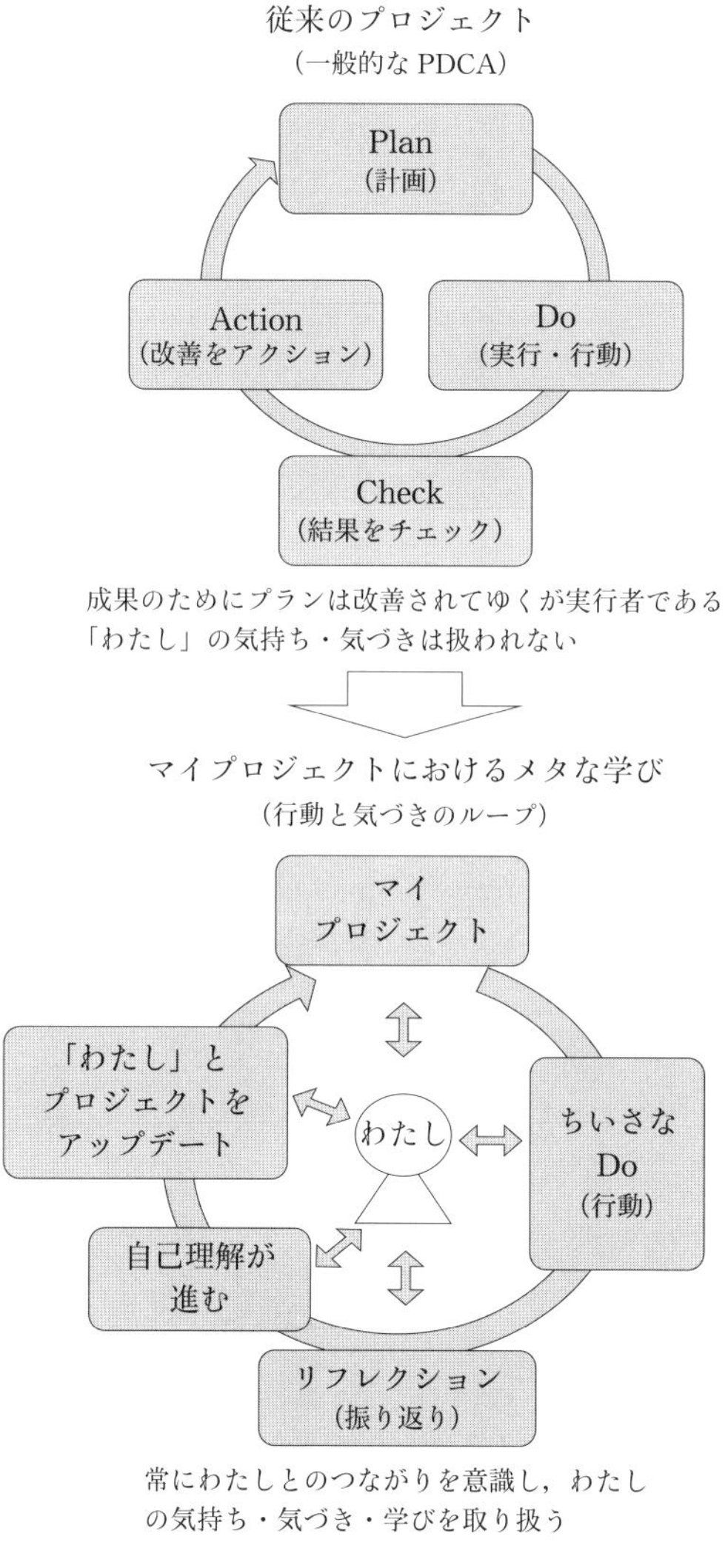
従来のプロジェクト
（一般的なPDCA）
Plan
（計画）
Do
（実行・行動）
Check
（結果をチェック）
Action
（改善をアクション）
成果のためにプランは改善されてゆくが実行者である
「わたし」の気持ち・気づきは扱われない
マイプロジェクトにおけるメタな学び
（行動と気づきのループ）
マイ
プロジェクト
ちいさな
Do
（行動）
リフレクション
（振り返り）
自己理解が
進む
「わたし」と
プロジェクトを
アップデート
わたし
常にわたしとのつながりを意識し，わたし
の気持ち・気づき・学びを取り扱う

ているギフトだ。メタな学びによる自己理解の促進（図表5-4）は、今後の職業選択や生き方・働き方を考える際に多いに活きてくるだろう。

すなわち、これらメタな学びを扱う機会がきちんと用意されていることによって、はじめて長期インターンシップは、学生のキャリア意識、新たな学習意欲の向上につながり、ひいてはプロティアン・キャリア（自律的キャリア）につながる。

つまり、インターンシップを選ぶ際は、前後にメタな学びを扱う機会が用意されているか確認しよう。マイプロジェクトないし類似の手法でそのような機会を設けているプログラムは多い。万が一、用意されていない場合は、自ら創り出すようにしよう。なお、マイプロジェクトには「失敗歓迎」「変化歓迎」「立ち止まり歓迎」という原則があり、きちんと取り組んだ経験者は、自らメタな学びを扱う技術を身につけている。インターンシップ前にマイプロジェクトに取り組むこともオススメである。

・アクションを通して社会とのつながりの中で「わたし」の想いを確かめること
・そのプロセスを本音で話し、わかち合い、支え合える仲間を創ること。

このような、自己理解の促進、「わたし」に関するメタな学びは、長い人生においてとても重要であり、マイプロジェクトのエッセンスである。インターンシップの仲間同士、あるいはゼミなどの同期との関係性を深めるなどをして、自己理解の促進の仲間作りをすることを、残りの学生生活の中でぜひ取り組んでみてほしい。その気づきと関係性は、これからの皆さんの人生にパワフルさを与え、一生の宝物になるだろう。

Column20

インターンシップワークショップ

インターンシップの事前学習や事後学習、実施中の研修などでは、一方的な情報提供、知識の伝達に加えて、アクティブラーニングとなるようなグループワークや、発表の機会が重要である。少人数のグループでも十分に行うことができる。その場合は、空間が存在して、記録用の紙とペンがあれば発表は可能である。お題に関しては、それぞれの章の最後にディスカッションポイントとして明記した内容などを参考に行うと良いだろう。

複数人数でも可能である。一〇〇名を超えるような場合でも、教室・部屋がきちんとあれば、十分に可能である。その場合には一グループは四人から六人前後くらいがちょうど良い人数であろう。

また、社会人の人と一緒にディスカッションすることも有益である。ただしその場合は、社会人の人が一方的に話をし、決めつけるのではなく、対等な立場で、同じくらいの分量の話をするようにできると有益な機会となる。

グループワークをする際には、あった方が望ましいアイテムとしては以下の内容が考えられる。紙、模造紙、ペン、名札、ホワイトボード、発表の際のプロジェクター、発表内容をまとめるパソコン（パワーポイントなどを活用）。ただし、これらも全てないとできないわけではないので、工夫しながら実施することが可能である。

発表後に終わりではなく、振り返りの機会や、気づきをメモにとり、気づいたことを発言することによって、新たに学んだこと、経験から・他人から・社会人からの様々な学びが得られるでしょう。

4　熟練コーディネーターの「学生お悩み相談」

これまで、本書では、インターンシップとは何か、参加前にどのよう準備を行ってインターンシップに参加すると有益な内容となるか触れてきた。また、長期実践型インターンシップ参加学生のアンケート調査やインタビューも掲載し、インターンシップの魅力と効果の理解が深まる工夫を行ってきた。

しかしながら、本書を読んだ学生にとっては、実際に企業にインターンシップに行ったわけではないことから、不安が募る状況にあるかもしれない。

そこで、これまで多くの学生と接してきたコーディネーターや大学の教職員が、よく学生から相談を受ける内容を抜粋し、Q＆Aを掲載する。

個人の状況によって異なる判断をするほうが良い場合もあるが、よくある質問に対して、回答を行っている。また、同様のケースが本書で紹介されている場合は、本書の推奨ページについても言及したので、該当箇所を読み直してみてほしい。

相談1　**インターンシップが何かわからない。参加したことがなく不安**

アルバイト経験もなく、インターンシップに参加できるか不安です。

回答1　インターンシップには、選考を行うものも存在しますが、アルバイト経験や部活の経験などは必須ではありません。いろいろな企業があり、いろいろなタイプの仕事があるのと同様にいろいろなインターンシップがあります。自分に合ったインターンシップを探して、参加することを推奨します。これまでの経験・実績にくわえて、参加理由や意欲も重視されます。怖がらずに、情報をたくさん収集して、挑戦してみましょう。

☞第一章のインターンシップについての説明や、ボランティアとアルバイトの違い、および第三章の事例を参照すると良いでしょう。

相談2　インターンシップに参加して、途中で辞めないか不安です。

回答2　初めてインターンシップ参加するのは不安でいっぱいだと思います。途中で辞めたくなるのを防ぐためには、事前の情報収集と準備が重要になります。事前に、自分に近い先輩の話を聞くことができる機会を大事にしましょう。大学や外部のセミナーなどを通して、参加しようとしているインターンシップがどのようなものか理解しておくと良いでしょう。また、いきなりハードルの高い内容ではなくて、最後まで参加できる内容・期間を選ぶと良いと思います。初めから難易度が高い内容や、長期間の内容で挫折するよりは、まずは小さく始めて、自分でできそうな内容のインターンシップから始めて、複数回挑戦することをお勧めします。

☞第二章のアンケート結果によるインターンシップの効果、第三章の事例、第四章および第五章の事前学習の重要性についての項目を参照すると良いでしょう。

相談3　社会人と接したことがなくて、インターンシップに参加できるか不安です。

回答3　学生がインターンシップに期待されているのは、企業や業務内容に関心を持ち、意欲がある状態で、素直に元気よく対応することや、姿勢が大事です。調べきれない部分やわからない部分は、インターンシップ中に素直に質問すれば良い。企業独自のルールなどは企業の人に聞かないとわからない部分もあります。教えてもらった内容は、きちんとメモを取るように心がけて、何回も同じことを言われないようにすることが重要となります。挨拶や敬語などは、どんなインターンシップでも重要です。事前にビジネスマナーの本は一冊読んでおくとよいでしょう。

☞第三章の事例を参照すると良いでしょう。

相談4　インターンシップの探し方がわからない。

回答4　企業が、直接学生に対して募集をするインターンシップもあれば、コーディネート団体が募集する場合、大学を経由して募集する場合など様々なケースがあります。企業と話をする前に、相談ができる担当者がいると最初はよいでしょう。大学のキャリア支援担当、教員、コーディネート団体の人が相談に乗ってくれるケースもあります。

☞第2章のインターンシップとは何か、第四章五の満足できるインターンシップの探し方も参考になるでしょう。

インターンシップ中の悩み相談・不安

相談5 初日から注意されてしまいました。明日から参加できるか不安です。

回答5 企業の人に注意されることは珍しいことではありません。言われたことはきちんとメモを取り、次に同じことを起こさないことが重要です。また、言われた注意の内容がわからない場合は、その時に、早めに質問して理解することが重要です。企業の方も学生にしっかりと理解してほしい気持ちで丁寧に話をしていることが多いと思います。

☞第四章、および第五章の事前の準備について参考にすると良いでしょう。

相談6 同じ作業ばかりで目的がわからない。アルバイトと変わらない気がします。

回答6 実際に与えられる業務がどのような目的で実施されるものかを理解をする必要があります。企業にとって重要な仕事である場合は、あえて単純な作業と思われることでも学生に経験してもらう場合も多くあります。全体のスケジュールや、目の前の仕事の目的について、確認してみるとよいでしょう。おそらく、同じ作業に意味や意義があり、次のステップで違うことをやろうと計画している場合もあります。何も言わずにストレスをためていくのは有益ではありません。目的や意図がわからないときには、相談してみることもよいでしょう。

☞第五章でインターンシップ参加前に行うべきことを参考にすると良いでしょう。

相談7　企業の人とのコミュニケーションがうまくできずに困っています。辞めたいと思い始めてきました。

回答7　どんな社会人でも、嫌だな、辞めたい・休みたいと思う瞬間はあります。一方で、良好なコミュニケーションが取れないと、何もかもがうまくいかないことも考えられます。ただし、原因が必ずしも企業の人にあるわけではなく、自分自身に問題がある可能性もあります。ただし、自分で自分の状況に気づくことも困難です。そのような場合には、直接企業の担当の人に相談することが難しい場合は、企業の窓口となる担当の人に相談し、学校の教職員に相談してみることも有益でしょう。勇気を出して相談してみると、相手の人も意識してなかっただけということもあるかもしれません。言葉に発しないと、自分の状態や気持ちは察してもらうことは困難です。

☞第五章でインターンシップ参加前に行うべきことを参考にすると良いでしょう。

相談8　成長できているか不安です。

回答8　自分で、自分のことを客観的に見るのはなかなか困難です。途中でのモニタリングなどの機会を持って、対話をすることをお勧めします。また、企業の人と参加前と今でどのように変化してきたかについて聞いてみることも有益でしょう。日報を活用して毎日の記録を取っている場合には、振り返って読み直してみると成長している点を理解することができるかもしれません。小さなことでもいいのでできたことなどを紙に書いてみましょう！　一〇個や二〇個、インターンシップ参加前にはできなかったことが、できるようになっているかもしれません。可視化できると少しだけポジティブになっていくと思います。インターンシップをはじめる時と、今の自分を比べると良いでしょう。成長できるのか。焦っているのは自分だけで、周りから見たら成長して見えるかもしれません。周りの友人も同じかもしれません。他の人に聞いてみるのも良いと思います。

☞第三章の事例や、第5章のワークシートを用いた振り返りなどを参考にすると良いでしょう。

Column21

面白いプロジェクトが見つかる！「プロジェクトインデックス」

「プロジェクトインデックス」は日本全国の地域コーディネート機関と一緒に運営する長期実践型インターンシップの情報を集めた検索サイトである。現地に住む地域コーディネート機関のコーディネーターが直接会って、面白い！と思った自分の地域の経営者や仕掛け人（プロジェクトリーダー）と皆さんが一緒に挑戦できる多種多様な本気のプロジェクトを設計して掲載をしている。

このサイトでは地域・テーマ・期間・職種で検索ができるほか、地域コーディネーターと一緒に自分に合ったプロジェクトを探し作ることもできる。例えば、各プロジェクトの詳細が掲載されている募集中のページでは「このインターンシップに応募する or 話を聞いてみたい」というボタンをクリックして問い合わせができる。いきなり応募するのではなく、該当プロジェクトに最も詳しい現地のコーディネーターと個別に相談ができ、また、そのプロジェクトでなくても、こういうプロジェクトもあるよと皆さんの挑戦したいことや参加動機によっていろいろと提案をしてもらうこともできる。

他にも、トップページの右上の「コーディネート団体一覧」をクリックすると全国の地域コーディネート機関が掲載されている。自分がこの地域で挑戦してみたい、団体紹介などで共感することがあったら、こちらから自分に合ったプロジェクトを探すことができる。各コーディネート団体の紹介ページには、その団体がコーディネートするプロジェクトの一覧を見ることもできる。自分に合ったプロジェクトがなくても直接コーディネート機関に連絡を取り、個別相談に乗ってもらうことや、もしかしたら掲載はしていないけど自分に合ったプロジェクト情報を案内してくれるかもしれない。

ぜひ、全国のコーディネーターと一緒に自分が挑戦してみたいプロジェクトを探してみてください。

プロジェクトインデックス　http://www.project-index.jp/

ディスカッションポイント！

❶ インターンシップの事前学習で何をやればよいか理解しているか？
❷ 自分が何者で何がやりたいか、どんなことに関心あるか整理できているか？
❸ インターンシップ前に将来のキャリアイメージを意識できているか？
❹ 自分の能力・知識などについて、棚卸ができているか？
❺ インターンシップ実施中も、常に学んだことを記録し、振り返りをこまめに行えるか？
❻ 終わった後にはきちんと振り返り、事前の状況、目標と比較し、インターンシップの参加による効果を把握できるか？

インターンシップを生かすも殺すも事前事後の取り組み次第。さらには、実施中のプロジェクト・プログラムの良さのみならず、どのような姿勢で臨み、学んだこと得られた経験をしっかりと記録し、自分にとってどんな意義や意味があったかをきちんと考えて、自分事として落とし込むことができるかにつきる。

やりっぱなし、なんとなく言われたからやる。誰かに誘われたから、先生に言われたから、家族に言われたからという受け身の姿勢では十分な効果を期待することは難しい。

きっかけは上記でも問題ないが、参加する前には、自分自身の状況を理解することを整えることが大事。したがって、学校関係者や企業の関係者にとっては、インターンシップをただ単に実施するだけではなくて、学生が上記の状態で臨めるような、事前学習や、インターンシップが始まる当初では導入部分でワークシートなどを活用した取り組みを行うことを推奨する。

第三者からのフィードバックや、受け入れ企業、コーディネーターからの助言やフィードバックは貴重な内容であることが多い。さらに友人同士とのコミュニケーションも含めて、様々な学びの機会がある。これらをきちんと書き留めることで有益な学びの機会が得られる。

また、毎日の活動についても、気づいたら毎日が淡々と過ぎてしまうことにつながりかねない。したがって、毎日の記録を記載することに加え、これらの記録を活用したコミュニケーションを実施すること、さらには定期的に振り返り、1週間や1か月などの頻度でこれまでの活動の振り返りを行い、新たにできるようになったことや、学生の良い点、また活動を通して見えてきた課題などについてのコミュニケーションをとることが重要である。これらをきちんとプログラムの中に組み込むことによって、どのようなプログラムであったとしても、一定の学びの質が担保されることにつながり、参加する学生の満足度が向上することつながる。学生の視点ではこれらの内容が含まれているかという点もインターンシップを選ぶ基準の一つになる。もし仮に含まれていない場合は、本書を活用し、一緒に参加する学生同士で学び、企業の人に本書を紹介し、一緒に活用するとよいだろう。

おわりに

本書では、長期実践型インターンシップについて、様々な観点から触れてきた。長期実践型インターンシップの魅力や、参加する意義、参加する際にどのような点を準備し、どのように参加すると効果が得られるか理解が進んだことと思う。

ただし、実際に大学における学生のインターンシップの参加率は一割未満と少ないことが課題となっているように、「実際に参加する（行動する）」ことが何よりも重要である。

そこで、改めて、長期実践型インターンシップに参加する意義や意味・魅力について、参加した学生のメッセージを中心に紹介する。

大学では味わえない経験が得られる

大学生活においては、様々な経験を得ることができるが、長期実践型インターンシップの特徴は、「学外」で「社会人」と「長期間」「実践」経験を積むことができる。

就職活動におけるインターンシップとは異なり、「短期のインターンシップが悪いわけではないが、自分のように田舎出身で、将来のことを考えるにあたって環境の難しさや機会の地域格差に悩む学生にとっては、長期インターンシップは自分の人生を自分で切り開いていく自信や責任を持つ能動的な行動であり、学生に関わらず人として必要な成長プロセスを味わうことができると強く感じる」という意見もある。

また、大学時代だからこそ、自分自身が見えてる世界は、小さく、視野を広げ、将来の可能性を無限大に広げることもできる観点から、「社会人になると簡単に会社や職種を変更することはできなくなる。インターンシップでいろいろな会社や組織にお邪魔し、飲食、コンサル、営業、インターネット、様々な業種や職種を経験した。学生時代に（もしかしたら社会人になっても）インターンシップとして短期間集中して一つの仕事や会社に向き合える機会は、本当に特権のようなものだったと思う。最初のインターンシップは一八歳の時だったので、もはや一二年前ですが、自分の子どもが学生になったらインターンシップ通じていろいろな経験をしてもらいたい」という意見もある。最初は勇気が必要かもしれないが、飛び込んでみることをお勧めする。

両立することで、大学生活も有益になる

インターンシップは、長期間参加が必要であるが、昨今は、長期休暇の間に実施するものや、オンライン環境を活用することで、授業との両立を図りながら参加できるスタイルも増えている。また、インターンシップでの経験によって、大学での学びが重要だと気づき、一生懸命勉強するようになる

という学生の事例も多く聞く。さらに、学んでいることと、インターンシップの内容を重複させることができれば、両方に効果的になる。また、アンケート調査結果からは、インターンシップで一歩踏み出して挑戦することができたので、大学生活の中でも、いろいろなことに挑戦できるように変わったという声もある。さらに、就職活動のためだけに参加するわけではないと思うが、結果として、就職活動の際には有利に働くのは間違いないだろう。

「他の人のインターンシップの内容も、悩みや成果も詳しく共有しながら進められるので、それを聞いてこんな仕事をしたいという軸が明確になっていった。また、好奇心を持って楽しく仕事に取り組む姿勢が学生、関係者全員にあり、大学とは違う人種の仲間にたくさん出会えた。社会人とも話す機会がたくさんあったので就活が楽々でした」。

社会人になった後も有益な経験ができる、財産になる

これまで、多くの事例やアンケートで触れてきたが、学生時代の長期実践型インターンシップは、賞味期限というか有効期限が非常に長いと考えられる。学生時代に終了ではなく、若手社会人の時代に、入社してすぐに活躍することができる事例も多くあるが、その後の社会人生活においても、働くための基礎的な能力が身についたという点にくわえて、当時の関係性、ネットワークを活用して実際に仕事を行っている人や、当時の縁で就職や転職、実際に仕事のやり取りがある事例なども多数存在する。

「地域やソーシャルセクターで働くこと、普通じゃない仕事をしている大人が当たり前だと思えている。その時に築いた人的ネットワークを今仕事で活用できている」。

「インターンシップの地域性や内容に関わらず、本人に学び獲得しようとする姿勢があれば、どんなものであれ必ず将来的に役に立つと思う。即時反映とはいかなくとも、地盤の基礎のように、仕事のスキルや経験を上に積み上げていくうちに、当時のインターンシップ経験が役に立っていると身に染みて感じる」。

「人生で一回は経験したほうがいいなと思った。社会人になると、挑戦しようという気持ちがやっぱり弱くなる。失敗したらと考えてしまうから。挑戦できる学生のうちに、何か失敗しておいた方が、後々の自分は強くなれる気がする」。

これはほんの一例であるが、様々な点で、短期間のインターンシップや、企業が単独で実施する採用目的の内容、アルバイトに近いようなもの、大学が主導する教育目的が中心的な五日程度から一〇日程度のものとは、長期実践型インターンシップは異なることがわかるだろう。

本気で挑戦し、その期間一生懸命やり切ることによって、参加した学生自身も成長が得られ、本気で挑戦するからこそ、関係者からの応援がその後の人生においても継続し、本気で頑張るからこそ受け入れ先の事業価値創造に貢献することができる。さらにそのサポートを、専属のコーディネーターなどの第三者が支援することで実現することができる。

本著を作成するにあたって、二〇名近い著者らが、何度も打ち合わせを重ね、また、実際にアンケート調査・インタビュー調査を行った。これまで、地域で長期実践型インターンシップを二〇年近く実践してきた団体の経験や、大学で教育プログラムを作成し、インターンシッププログラムを実践するメンバーや、企業の人事担当や、人事系のコンサルティング経験を有する実務家教員も融合して作成された。約一年間にわたり、何度も議論した内容が集約されている。

特に、インターンシップは、教育的要素が含まれるものがインターンシップの定義ではあるが、企業と大学と学生の三つの主体が存在することから、それぞれの思惑の中で、完全に win-win-win となることが、構造的にも難しい。

著者らで議論する中では、それぞれに問題を抱え、学生にとって有益ではないものが、提供されてしまっている。この本を発売することで、一石を投じ、多くの人が良い長期のインターンシップを採用することにつながると考える。

インターンシップは、大学にとっては、学外での企業と連携した取り組みである。従って状況を把握することが一般的に困難である。特に学生数が多い大学にとっては、学生と企業をマッチングするだけでも負担が多い。教育の質を標準化して、機会均等を掲げたい大学としては、全員に平等な機会としてインターンシップを提供する障壁は高い。また、大学の関係者も専門人材として、企業との連携・コミュニケーション、状況に応じたフォローは、ノウハウの点でも手間暇の点でも困難である。通常の講義とくわえて、インターンシップを担当する際には、かなりの労力と時間、ノウハウを要するが、残念ながらほとんどの大学では、インターンシップの専門人材に高い評価やポストが提供されていない実情もある。長期のインターンシップが増えることで価値が見直されて、今後改善していくことを願う。

一方で、地域と連携した取り組みや、小規模の大学、特定の領域で外部と連携したい場合などにおいては、インターンシップを活用することは、特色を発揮することにつながると考えられる。また、これから大学教員を目指す人たちにとっても、実務家教員の採用が推奨される傾向にもあるが、インターンシップの領域は活躍が期待される一つである。

企業に目を向けると、採用を本目的とするインターンシップが浸透したことで、知名度が高くブランド力があり、資金力がある企業がインターンシップを実施すると、なじみの薄い企業や、地域の中小企業は良いインターンシッププログラムを実施したとしても、学生が集まらない状況になる。採用との接続が意識されているが、五日から一〇日程度のインターンシップが、学生にとっては負担も大きく、成長の観点では一か月以上の長期間と比較すると薄まることは否めない。企業が主体となりプログラムを組むことで、学生の参加機会が促進されるが、企業にこそ、教育効果を理解し、学生のための、学生が成長する、教育効果が得られるインターンシップを実施することが求められる。

これらの課題を解決するためにも、インターンシップに情熱を燃やし、企業と連携を行い、かつ学生に対して効果的な教育プログラムを実施できる「インターンシップ専門人材」を、多く輩出することが重要であろう。企業の内部でも、大学の教職員でも、中間支援団体でも、さらにそれ以外の関係機関（行政や地域団体）においても、インターンシップが何かを理解し、学生の将来の活躍に向けた実践の機会を多く提供することが必要不可欠である。

日本の将来に少子高齢化社会が到来することは、誰の目にも明らかである。将来の働き方、働く価値観も多様化する中で、インターンシップは、個人個人が将来どのように働き、働く地域にとっても重要な意味を持つと考えられる。

頑張って挑戦する人たちが、幸せな生活を送れるように、また、頑張る人たちの集団にこそ、未来の光が当たる。そんなことが、長期実践型インターンシップにはできるのではないかと、改めて本書を書き終えて感じている。

この本がきっかけとなり、多くの人がインターンシップに関心を持ち、参加して将来のためになったと思える人たちが増えること、この本がきっかけで、企業の長期インターンシップがより良いものになり、企業の成長につながる機会となればうれしく思う。

私たち著者は、多様な人たちで、一緒に未来の若者の成長を支援し、共創する「長期実践型インターンシップ」こそが、若者の成長、地域の発展、大学の教育プログラムの進化（深化）につながり、これからの日本の未来の社会を創ると確信している。

二〇二四年三月

今永典秀

応援メッセージ

これからインターンシップに参加しようとする学生に対する応援メッセージを紹介します。

- 受入企業は本気と覚悟を持って皆さんを受け入れます。大学の授業やアルバイトだけでは得られない実践や経営の最前線の現場で挑戦する「チャンス」がそこにはあります。チャンスをつかみとれるかどうかは皆さんの「本気と覚悟」次第です。多くの選択肢がある大学生活の中で、選択と集中を図って、ぜひ、意思決定をして実践型インターンシップに飛び込んでください。

（ETIC. コーディネーター　伊藤淳司）

- 「誰のどんな困りごとを解決するのか？」長期実践型インターンシップは、仕事の本質に出会い、向き合える貴重な機会です。モデルになる師匠と出会い、ともに挑戦する仲間に出会い、自分自身の強みを知り、無我夢中になれる仕事に出会う。そんな可能性に溢れたプログラムです。自分の想いや経験が、社会の誰の困りごと解決や願いの実現に役立てるのか。あなたならではの働く意味を見つけ、働く面白さを実感できるチャンスがたくさんあります。

（G-net 代表理事　南田修司）

●自分自身の興味や関心に目を向ける時間を意識的に作ってもらえたらと思います。インターンシップにのめり込んでいくと、企業に合わせてしまいがちですが、自分の興味や関心の出所を常に意識して、それを実際の社会で実験してみることが大切だと思います。自分の中に生まれた興味や関心にこそ、受入企業や地域に価値を生み出せる原点になると思います。

（北海道エンブリッジ　代表理事　浜中裕之）

●自分に向き合う、他者と向き合う、そして自分以外の人のために、自分の命の時間を使う。自分で選んでいるようで、実は選んでいないことの中にこそ、ヒントが隠されています。この時代に、この国で、こんな自分で生まれたことに、何か意味があるはず。あなただけの人生。正解なんてない。いま、この本を読んでいるということも、きっと何かのサインだと思うよ？

（御祓川　代表取締役　森山奈美）

●実践型インターンシップでは多くのヒトやコトとの出会いが待っています。
時に壁にぶつかるときもあるけれど、自分自身や周りの仲間と一緒に考えて考えて行動して得られるものは、必ず大学生活だけでなく今後のあなた自身の大きな武器にきっとなります。興味が少しでも湧いたなら、あとは飛び込むだけ！

（宮崎公立大学　講師　新村拓也）

・インターンシップは、就活と関連付けて語られることも多くありますが、実施期間や参加学年、活動内容も様々です。まわりがやっているからとなんとなく選ぶのではなく、目的意識を持ってインターンシップに挑戦してみましょう。大学では得ることができない学びや気づき、そして人とのつながりを実感できるはずです。

（宮崎大学　講師　桑畑夏生）

・大学の授業で身につけた知識や技術は、実社会でどのように活用できるのか、それを大学の授業だけでイメージするのは簡単なことではないと思います。そこで、実践型のインターンシップに参加するなど、大学の外に出て学びの活用を体験してみてください。そこでの体験は単に授業で学んだことの活用の仕方が理解できるだけでなく、その体験を大学に持ち帰ることで更に学びを深めていくことができます。大学での学びと実践での学び、この両輪をしっかり回していきましょう！

（岐阜協立大学　専任講師　市川大佑）

・インターンシップを通じて気づいたことは、「社会では正解は誰も与えてくれない」「自分でもがいて導き出した正解に価値がある」ことです。普通の学生生活ではないかもしれない。でもちょっと興味がある現場に飛び込んで力を試してみることは、振り返ってみると、自分の人生に大きな影響を与えるかもしれません。卒業後、東京の会社に就職した私は、一〇年経って、「あれ?」と気づけば学生時代にお世話になっていた地域の皆さんと、一緒に仕事をし、やりたいことができるようになりました。皆さんの、今の一歩を応援します!

（インターンシップ経験者　佐々木梨華）

●長期実践型インターンシップで得られる知見の一つに、「自分を知ること」があると思います。どんな場面で自分は夢中になれるのか? 立場の異なる仲間と行動するとはどういうことか? 目的を達成するために、自分がすべきこと・できることは何か? その時自分の心はどう動くのか? 誰かの困りごとに真剣に向き合う中で見えてくるのは、きっと自分自身の強さと弱さなのではないでしょうか。それに向き合う覚悟と努力は、きっと皆さんのこれからの生き方に大きなプラスの力を与えてくれると思います。この本を読み終えたら、さあ、一歩踏み出してみましょう。

（株式会社風とつばさ　代表取締役　水谷衣里）

●これからの時代には、学生時代に地域に出て、地域で活躍する人たちに多くふれ、対話を繰り返し、その人たちと一緒に実践活動をすることが重要です。学校の外に飛び出して、地域で学ぶことは、将来に役立ちます。その経験が、これからの日本の社会を創るでしょう。ぜひ、地域に出て、これからの時代の真のリーダーになってください。みなさんの挑戦、第一歩を応援します。

（岐阜大学　教授　髙木朗義）

参考文献

石山恒貴（二〇二二）『越境学習入門』日本能率協会マネジメントセンター
今永典秀（二〇二一）「地域創生へのインターンシップ――コーディネーターの重要性」日本労働研究雑誌二〇二一年八月号、73-84
今永典秀（二〇二二）「地域中小企業による有償ジョブ型インターンシッププログラムの構築プロセス」地域活性研究、17(1)、39-48
今永典秀（二〇二〇）「社外のプロボノを活用した地域の中小企業の価値創造プロジェクト――NPO法人 G-net によるふるさと兼業の事例より」地域活性学会13、41-50
今永典秀、棚瀬規子、南田修司（二〇二二）「地域中小企業の魅力発見に向けた体験学習プログラムの効果」日本インターンシップ学会 研究年報、25、1-8
今永典秀、鳥本真生（二〇二二）「中小企業の長期実践型インターンシップにおけるコーディネーターの存在価値」日本NPO学会ノンプロフィット・レビュー、21(1)、57-70
経済産業省（二〇一三）「教育的効果の高いインターンシップ実践のためのコーディネーターガイドブック」
経済産業省（二〇一二）「成長する企業のためのインターンシップ活用ガイド」
経済産業省（二〇二〇）「持続的な企業価値の向上と人的資本に関する研究会　報告書」
採用と大学教育の未来に関する産学協議会（二〇二一）「産学協働による自律的なキャリア形成の推進」

田中研之輔（二〇一九）『プロティアン　70歳まで第一線で働き続ける最強のキャリア資本術』日経ＢＰ
野村尚克、今永典秀（二〇二一）『企業のためのインターンシップ実施マニュアル』日本能率協会マネジメントセンター
森定玲子（二〇一四）「ボランティアを組み込んだ教育」（『新ボランティア学のすすめ』内海成治・中村安秀編著）昭和堂、79-100
文部科学省（二〇一三）「インターンシップの普及及び質的充実のための推進方策について意見のとりまとめ」https://www.mext.go.jp/b_menu/shingi/chousa/koutou/055/gaiyou/__icsFiles/afieldfile/2013/08/28
文部科学省（二〇一七）「インターンシップの更なる充実に向けて　議論の取りまとめ」
文部科学省（二〇二〇）「令和元年度　大学等におけるインターンシップ実施状況について」
文部科学省・厚生労働省・経済産業省（二〇二二）「インターンシップを始めとする学生のキャリア形成支援に係る取組の推進に当たっての基本的考え方」

資料編

※右記の URL に資料集があります。 https://imazemi.com/intern/

(学生バージョン)

★★★	★★★★
自己分析を踏まえて，自分の長所や短所，強みや弱みを分析して，自分で把握できている	自己分析による自己理解を踏まえて，将来のキャリアの選択肢を検討できている
自分の課題や目標を踏まえて，インターンシップに参加しようとしている	自分の課題や目標に対して，適切な内容のプログラムを検討し，最適な内容に参加している
参加企業やプログラムについて調査し，自分なりに分析している	業界や同業他社の調査などを実施した上で，企業分析が完了している
自分の課題を踏まえた適切な目標が設定されている	プログラムの内容と自分の課題を踏まえて，頑張れば実現可能な具体的な目標が設定されている
体調を整えて，当日開始時に問題なく通常通り開始できる状態になっている	必要な準備が完了し，当日開始時に，モチベーションが高い状態で臨むことができる
守秘義務や情報管理に加えて，企業で守るべきルールを遵守することができる	相談が必要な内容は，確認した上で，迷惑をかけずにインターンシップを過ごすことができる
必要なときに，きちんとした方法で，社会人に対してふさわしい報告や連絡，相談ができる	社会人として求められる水準の報告・連絡・相談が常に実現できる
日報や報告書を作成し，第三者からのフィードバックも含めて，活動内容の振り返りができている	日報や報告書，第三者からのフィードバックを生かして，活動の振り返りと今後の目標・課題が設定されている
自分の目標や課題に向かって，一生懸命取り組み続けることができている	取り組んだ結果，成果の実現，もしくは自分の課題を克服し，参加前より成長がを遂げている
ライフラインチャートや日報，報告書，第三者のフィードバックを踏まえて，活動内容を振り返り，分析ができている	活動が分析され，次にやる場合に充実した内容に取り組めるように，具体的な内容として振り返りができている
自分自身の将来のキャリア形成に向けて，インターンシップ経験を踏まえて検討できている	将来，自分がどんなキャリアを歩んでいきたいか，参加前に比べて鮮明になっている
アクションプランの設定にとどまらず，既に次の具体的な選択肢を検討している	経験を踏まえて課題を的確に見つけ出し，将来に向けた一歩を検討し，既に具体的に実行している

インターンシップ品質基準シート

項目			★	★★
事前準備	1	自己理解	自分自身のことを振り返ることができている	これまでの進路選択の理由や，自分自身の適性を分析している
	2	参加目的	インターンシップにとりあえず参加する	インターンシップに，単位目的や友人が参加するのではなく，主体的に参加している
	3	企業分析	参加企業について HP などで情報収集をしている	参加企業やプログラムの詳細を検討した上で参加している
	4	目標設定	目標が言語化されて紙などに記載されている	インターンシップの期間で実現可能な目標が設定されている
実施中	1	事前準備	インターンシップ先の情報を入手している。関係者（家族や大学）への連絡が完了している	当日の集合場所，時間，緊急連絡先，持ち物，服装などの情報を把握している
	2	マナー	挨拶や御礼などの必要最低限のビジネスマナーを守ることができる	インターンシップ中の企業の守秘義務や情報管理などのルールを守ることができる
	3	報告・連絡・相談	必要最低限の報告や連絡，相談などができる	適切なタイミングでの報告や相談，連絡ができる
	4	日報・報告書	実施中の出来事を日報に記録し，振り返り可能な状態になっている	毎日の日報を作成し，やりっぱなしではなく，改善可能な状況になっている
	5	取り組み姿勢	毎日体調を壊さずにやる気を出して参加することができている	元気よくやる気を出して毎日参加することができている
事後の振り返り	1	内省・リフレクション	活動後にプログラムの内容を振り返ることができている	当初の目標に対してどの程度実現できたかを客観的に振り返り，分析することができている
	2	働くイメージ	活動中に感じた社会人の様子や企業で働くことについてイメージが高まっている	経験を踏まえて，自分が将来働く際のイメージが明確になっている
	3	今後のアクション	やりっぱなしに終わらず，次の目標が設定できている	経験を踏まえて，自分の強みや弱みを理解し，課題を設定し次のアクションプランを設定している

自己理解促進シート

	小学生	中学生	高校生	大学入学時	大学生
好きなこと					
得意なこと					
苦手なこと					
勉強について					
趣味について					
部活動・習い事					
その他					

質問
1 大きな決断をした時はいつか？　どのように（何を優先して）決断したか？
2 モチベーションが上がった・高い時はどんな時か？　逆に下がった・低い時は？
3 他の人と異なり，自分らしい項目・エッセンスはどんな部分か？

【自己分析】Will-Can-Mustワークシート

記入日：202　年　月　日

所属：　　　　　　　　　　　　学年：　　　氏名：

概ねやりたいことや目標，志望業界・業種が決まっている人は，Will-Can-Must の順での記入がオススメ
決まっていない人は，Can-Must-Will の順で考えてみましょう

項　目	問　い		記入部分
Will 将来どうありたいか （志望動機）	将来の目標・夢 （まだわからない場合は，興味・関心・やりがいを感じること，貢献・探究したいことを書いてみましょう）		
	理　由		
Can できること （自己 PR）	1つ目	できること 頑張ってきたこと	
		どんな努力をしたのか	
		その経験を通じての学びや成長したこと	
	2つ目	できること 頑張ってきたこと	
		どんな努力をしたのか	
		その経験を通じての学びや成長したこと	
Must Can を活かしながら，将来 Will に近づけるためにすべきこと	1つ目	短期的視点① いつまでに （半年～1年以内に） 何をするか	
	2つ目	短期的視点② いつまでに （半年～1年以内に） 何をするか	
	3つ目	中期的視点 いつまでに （卒業までに） 何をするか	
	4つ目	長期的視点 いつまでに （卒業後のキャリアプラン） 何をするか	

インターンシップの事前目標シート　　　　　　　　記入日：202　年　月　日

所属：　　　　　学年：　　　　氏名：

1. インターンシップ先企業（団体）名

2. インターンシッププログラム（プロジェクト）の内容（期間・日時も記入）

3. このインターンシップへの参加動機

4. インターンシップの目標（まずは参加前の目標を思いつくままいくつか書いてみましょう）

	インターンシップ参加前の目標
1	
2	
3	
4	
5	
6	
7	
8	
9	
10	

5. インターンシップ終了後にどのような状態になっていたいか

6. 上記のうちで重点課題を2つ挙げ，以下に記入しましょう

重点課題①	
目標を達成するために具体的に日々何を意識し，どのような努力を行うのか	
インターンシップ参加までに準備しておくことは何か	
重点課題②	
目標を達成するために具体的に日々何を意識し，どのような努力を行うのか	
インターンシップ参加までに準備しておくことは何か	

中間モニタリングシート　　　　　　　　　　記入日：202　年　月　日

所属：　　　　　学年：　　　　　氏名：

1. インターンシップ先企業（団体）名

2. インターンシップ参加前と現在とを比べ特に大きく変わったことは何か？（それはなぜか？）

3. 今までのインターンシップを通じて見えてきた課題は何か？

4. これから先のインターンシップで実現したいことは何か？

5. 実現するために何をどのように努力するのか？

6. 困っていること，助けてほしいことなどがあれば記載ください

インターンシップの日報シート　　記入日：202　年　月　日

所属：　　学年：　　氏名：

インターンシップ先企業（団体）名：
インターンシップ参加予定日：
インターンシップの目標

1. インターンシップ参加前と現在とを比べ特に大きく変わったことは何か？（それはなぜか？）

2. 本日の就業内容（○時～△時：何をしたのかを改行して記入）

3. 本日の学び・気づき

4. 本日の自己評価　　点／100点満点中

5. 自己評価の理由

6. よかったこと，努力したこと（周囲から言われたことや，どのように努力したのか）を具体的に記入

7. 改善点・明日以降への課題（なぜ，何がどのようにできなかったかを具体的に）

8. 次回（明日）の目標（よかったことや反省点をふまえ具体的に実行する内容を記入）

9. その他メモ・連絡事項

インターンシップの事後・振り返り・目標シート　　　　記入日：202　年　月　日

所属：　　　　　学年：　　　　氏名：

1. インターンシップ参加前と現在とを比べ特に大きく変わったことは何か？（それはなぜか？）

2. インターンシッププログラム（プロジェクト）の内容（期間・日時も記入）

3. インターンシップの目標の達成度（理由）　　　　点／100点満点

4. インターンシップ中に嬉しかったことは？（それはなぜか？）

5. インターンシップ中にストレスを感じたことは？（それはなぜか？）

6. 周囲からのフィードバックの内容（そこから得られる学びポイントは？）

7. インターンシップ終了後，今後の目標（課題）は何か？

8. 具体的に，いつまでに，何を，どのように実現するか？　計画を考えてみましょう。

著者らの所属団体と参加可能なプロジェクト紹介

●NPO法人 G-net、岐阜県岐阜市、代表理事 南田修司 https://gifist.net/
岐阜を拠点に、地域中小企業と若者（高校生・大学生・社会人）とのコーディネート事業を主軸とした地域起業支援・人材育成・まちづくり支援の団体。ホンキ系インターンシップ（長期実践型インターンシップ）をはじめ、社会人向けのふるさと兼業など、様々な事業・サービスを展開。
・つながるキャンパス（オンライン） https://tsunacam.net/
・シゴトリップ（5日程度 オンライン） https://peraichi.com/landing_pages/view/sigotrip/
・東海ヒトシゴト図鑑（東海） https://tokai.hitoshigoto-zukan.jp/

●NPO法人 ETIC.東京都、伊藤淳司 https://etic.or.jp/
チャレンジ・コミュニティ・プロジェクトの運営団体。アントレプレナーシップの育成を目指し、インターンシップや起業家育成などの事業を展開。
・プロジェクトインデックス（全国） https://www.project-index.jp/
・地域ベンチャー留学（全国） https://cvr.etic.or.jp/

●NPO法人JAE、大阪府大阪市、共同代表 坂野充・塩見優子 https://jae.or.jp/
小学生から若手社会人までを対象に、学校・企業と連携した実践型プログラムを提供。
・アントレターン（長期実践型インターンシップ） https://jae.or.jp/student/

●ＮＰＯ法人北海道エンブリッジ、北海道札幌市、代表理事　浜中裕之　http://en-bridge.org/
長期実践型インターンシップ、創業支援、コーディネーター育成
●一般社団法人ワカツク、宮城県仙台市、代表理事　渡辺一馬　http://www.wakatsuku.jp/
長期実践型インターンシップ、ふるさと兼業、仙台若者ＳＤＧｓアワード、東北チャレンジコミュニティ運営
ほか
・仙台若者ＳＤＧｓアワード　https://sendai-y-award.qloba.com/
・東北チャレンジコミュニティ　https://t-challenge.jp/
●株式会社御祓川、石川県七尾市、代表取締役　森山奈美　http://misogigawa.com/
能登留学（長期実践型インターンシップ）、能登の人事部（中小企業の人材育成）、コミュニティスペースの運営
・能登留学（石川）　https://notoryugaku.net/
・能登の人事部（石川）　https://jinji.noto.work/
●一般社団法人わくわくスイッチ、三重県津市、代表理事　中村憲和　https://waku.waku1.com/
長期実践型インターンシップ、東海学生アワード（ビジネスプランコンテスト）、就活アウトロー採用
●特定非営利活動法人 bunkup、鳥取県鳥取市、代表理事　中川玄洋　https://www.bankup.jp/
長期実践型インターンシップ、農業ボランティア、鳥取しごと留学
●ＮＰＯ法人グローカルアカデミー、宮崎県高千穂町、代表理事　桑畑夏生　https://glocal-ac.jp/
長期実践型インターンシップ、中高生・大学生向けのキャリア教育プログラムの企画・運営

ま・や行

ら・わ行

数字・欧文

た　行

な　行

は　行

索　引

木村亮介（きむら　りょうすけ）　第5章

NPO法人G-netコーディネーター。NPO法人JAE、和歌山大学の教員を経て現職。キャリア教育や実践型インターンシップ、地域志向キャリア教育カリキュラムの運営。

中川玄洋（なかがわ　げんよう）　第5章

特定非営利活動法人bankup代表理事。2002年に鳥取で創業、鳥取大学、立命館大学などの非常勤講師経験多数、2022年ふるさとづくり大賞（総務大臣表彰）受賞。

市川大佑（いちかわ　だいすけ）　第5章

岐阜協立大学経営学部専任講師。民間企業（情報システム会社）、専門学校での教員を経て現職。岐阜県DX推進コンソーシアムDX事例研究会委員など。

水谷衣里（みずたに　えり）　第5章

株式会社風とつばさ代表取締役。三菱UFJリサーチ＆コンサルティング株式会社にて調査研究・コンサルティングに従事。専門領域は、ソーシャルファイナンス、インパクト投資、コミュニティ投資といった資金循環に関する研究や政策立案、ソーシャルベンチャーの育成支援や基盤強化、越境型研修による人材育成など。

高木朗義（たかぎ　あきよし）　第5章

岐阜大学社会システム経営学環教授。博士（工学）。専門分野は土木計画学（まちづくり）。災害に強い地域や環境に優しい社会、地域活性化を中心に、地域社会を支えるハードからソフト、つまり社会基盤施設から人的ネットワークに至る幅広い社会基盤について研究する。

掛川遥香（かけがわ　はるか）　第４章

NPO 法人 G-net コーディネーター。2016年からインターンシップ、採用、兼業のコーディネーターとして、学生や社会人とキャリア面談を実施。第一回フリーランスパートナーシップアワード大賞（エージェント部門）。

田中　勲（たなか　いさお）　第４章

NPO 法人 G-net 理事。2012年 G-net 入社、就職・採用支援事業「ミギウデ事業」の立ち上げ、現在は「地域の人事部」の取り組みに注力。

宮原知沙（みやはら　ちさ）　第４章

2017年より名城大学社会連携センターアドバイザーとして社会と連携したプログラムの企画運営などを行う。2023年より、フリーランスとして同様の業務に従事。

渡辺一馬（わたなべ　かずま）　第４章

一般社団法人ワカツク代表理事。宮城大学在学中から学生と地域をつなぎ、2004年からインターンシップ生のコーディネートを仙台地域で先駆けて開始。東日本大震災後に、ボランティア活動や地域復興に学生をつなぐプロジェクトに注力。現在は東北各地のコーディネーターの育成とネットワーク化を進める。

森山奈美（もりやま　なみ）　第４章

株式会社御祓川代表取締役。2007年より実践型インターンシップ「能登留学」を開始。能登の人事部として、地域の中と外をつなぐコーディネート。2019年ふるさとづくり大賞個人表彰（総務大臣賞）受賞。

白木邦貞（しらき　くにさだ）　第４章

一般社団法人わくわくスイッチ理事。大学生だけでなく高校生のインターンシップにも関わる傍ら、世代やテーマを超えて若者のチャレンジが連鎖する生態系づくりに邁進。

須子善彦（すこ　よしひこ）　第５章

博士（政策・メディア）、マイプロジェクト株式会社代表取締役、IKIGAI WORKS 株式会社取締役、NPO 法人ブラストビート理事。専門は情報工学、教育工学、情報社会学。複数の大学の立ち上げ、カリキュラム設計や PBL の実施に関わる。社会起業家育成から始まった学習するコミュニティ創出メソッド「マイプロジェクト」の普及・啓発をライフワークとする。また働きがい促進・人的資本経営に優れた中小企業のアウトリーチを支援。

坂野　充（ばんの　みつる）　第３章

NPO 法人 JAE 代表理事。2004年 JAE 入職。法人事務局長を経て2013年より代表理事。これまで150社以上の企業のインターンシップやキャリア教育プログラムを開発。

岡本竜太（おかもと　りゅうた）　第３章

NPO 法人 G-net コーディネーター、一般財団法人ひだ財団事務局長。2014年から御祓川にて、長期実践型インターンシップおよび「地域の人事部」のコーディネーターとして勤務。2019年に地元である飛騨にUターン転職。

桑畑夏生（くわはた　なつき）　第３章

宮崎大学地域資源創成学部講師、NPO 法人グローカルアカデミー代表理事。大学卒業後、NPO 法人 ETIC. にてインターンシップのコーディネーターとして５年間の修行を積んだ後、地元宮崎へUターン。高校生・大学生向けのキャリア教育プログラムの企画・運営も行う。

新村拓也（しんむら　たくや）　第３章

宮崎公立大学講師、NPO 法人グローカルアカデミー理事。宮崎大学地域資源創成学部で実践型インターンシップ科目のコーディネーターとして３年間従事。大学赴任と同時に NPO 法人グローカルアカデミーに参画。2020年より現職。

岩出朋子（いわで　ともこ）　第３章

大手求人情報会社に従事しながら株式会社 Career Design Lab. を設立。20代での５回の転職と実務経験を活かしながら、千葉経済大学・名古屋産業大学の非常勤講師として「キャリアデザイン」を教える。

佐々木梨華（ささき　りか）　第３章

株式会社 machimori、一般社団法人 RCF。東北大学大学院生時代に、ワカツクで長期インターンシップを経験。人材開発・組織開発のコンサルティング会社を経て、社会事業コーディネーター集団の一般社団法人 RCF に参画。

棚瀬規子（たなせ　のりこ）　第４章

NPO 法人 G-net コーディネーター。複数企業取材型プログラム「シゴトリップ」にて、日本インターンシップ学会第４回槙本記念賞「秀逸なるインターンシップ」を受賞。

《執筆者紹介》執筆担当　＊は編著者

＊今永典秀（いまなが　のりひで）　はじめに・第１章～第５章・おわりに

南田修司（みなみだ　しゅうじ）　第１章・第２章・第４章・第５章

NPO 法人 G-net 代表理事。15年以上に渡って地域企業と若者をつなぐ短中長期のインターンシップの設計、コーディネートに従事。

伊藤淳司（いとう　じゅんじ）　第１章・第２章・第５章

NPO 法人 ETIC. ローカルイノベーション事業部シニアコーディネーター。1997年から25年以上、実践型インターンシップのコーディネート。日本インターンシップ学会第３回槇本記念賞「最も秀逸なるインターンシップ」を受賞。

松林康博（まつばやし　やすひろ）　第１章・第４章

名古屋産業大学現代ビジネス学部経営専門職学科准教授。大学卒業後、食品通販でエンジニアから人事へと異動。2013年４月にインターンシップ専業の NPO 法人を創設し事務局長。2022年４月より現職。

高濱優子（たかはま　ゆうこ）　第１章・第５章

神田外語大学特任教授。総合コンサルティングファームにて人事を主とした経営コンサルタント、経営系学部の准教授（キャリア開発委員長・キャリア支援部長）を経て、2023年度から現職。

篠田啓介（しのだ　けいすけ）　第１章

NPO 法人 Teach For Japan にて大学生向けのインターンシッププログラム及びキャリア教育プログラムの企画・運営を担当。プログラムを通じて、教育分野に進む大学生・大学院生のキャリア支援を行う。

浜中裕之（はまなか　ひろゆき）　第２章

NPO 法人北海道エンブリッジ代表理事。大学在学中に NPO を創業し、2018年より創業支援プログラムを開始し、高校生・大学生の起業をサポート。2018年中小企業庁「創業機運醸成賞」受賞。

《編著者紹介》

今永典秀（いまなが　のりひで）　博士（工学）

名古屋産業大学現代ビジネス学部経営専門職学科准教授、地域連携センター長。名古屋大学卒業後、民間企業（大手銀行の法人営業、トヨタグループの不動産会社の経営企画など）、岐阜大学地域協学センターを経て、現職。

大学時代には、就活サポーターなどの就職活動支援の学生団体に所属。社会人になって、Uターン転職後に、市民活動団体 NAGOYA×FOREVER を立ち上げて学生と社会人の交流の場を形成。

岐阜大学では、「次世代地域リーダー育成プログラム（産業リーダーコース）」の立ち上げと運営を担う。インターンシップを中心として、地域・地域企業と連携し、地域企業への就職を目指した教育プログラムを設立。名古屋産業大学では、専門職大学の制度を活用した新学科（経営専門職学科）の立ち上げプロジェクトの中心メンバーとして設立準備、および設立後の運営に関与。臨地実務実習（600時間以上）、長期インターンシップを必修科目として学んだ座学の理論領域を活かして企業で実習を行うプログラムを開発。理論と実践を往還するプログラムを展開。大学における「長期実践型インターンシップ」を実践する。

実務家教員として、産業界の営業・マーケティングや新規事業企画経験、キャリア支援活動の経験をもとに、大学での新規教育プログラム・インターンシップの立ち上げを実施。実践経験を生かし学生が主語・主役となる実践教育を推進中。

これからの日本の未来の教育、未来の社会には、地域中小企業の事業創造と教育を両立させる「長期実践型インターンシップ」が重要であると確信し、大学での連携、実践、新規の教育プログラムの開発に注力するとともに、チャレンジ・コミュニティ・プロジェクトが実施する長期実践型インターンシップを研究する。

日本インターンシップ学会理事、グローバルビジネス学会理事（地方創生担当）、日本実務教育学会研究委員長、社会人基礎力グランプリ中部地区実行委員長。日本インターンシップ学会第４回、第５回槇本記念賞「秀逸なるインターンシップ」を受賞。

主な著書に『企業のためのインターンシップ実施マニュアル』（共著）日本能率協会マネジメントセンター、2021年、『共創の強化書』（共著）中央経済社、2023年、などがある。

長期実践型
インターンシップ入門

2024年4月1日　初版第1刷発行　〈検印省略〉

定価はカバーに
表示しています

編著者　今　永　典　秀
発行者　杉　田　啓　三
印刷者　坂　本　喜　杏

発行所　株式会社　ミネルヴァ書房
607-8494　京都市山科区日ノ岡堤谷町1
電話代表　(075)581-5191番
振替口座　01020-0-8076番

冨山房インターナショナル・新生製本

ISBN 978-4-623-09714-2
Printed in Japan